国家宣言丛书

中国理念

CHINA
IDEA

韩喜平 著

辽宁人民出版社

ⓒ 韩喜平　2019

图书在版编目（CIP）数据

中国理念/韩喜平著．—沈阳：辽宁人民出版社，2019.5（2021.10重印）

（国家宣言）

ISBN 978-7-205-09540-6

Ⅰ．①中… Ⅱ．①韩… Ⅲ．①中国特色社会主义—社会主义建设模式—研究 Ⅳ．①D616

中国版本图书馆CIP数据核字（2019）第037710号

出版发行：辽宁人民出版社
地　　址：沈阳市和平区十一纬路25号　邮编：110003
电　　话：024-23284321（邮　购）024-23284324（发行部）
传　　真：024-23284191（发行部）024-23284304（办公室）
http://www.lnpph.com.cn

印　　刷：	辽宁新华印务有限公司
幅面尺寸：	170mm×240mm
印　　张：	14.75
插　　页：	2
字　　数：	200千字
出版时间：	2019年5月第1版
印刷时间：	2021年10月第2次印刷
责任编辑：	马　辉　娄　瓴
装帧设计：	丁末末
责任校对：	冯　莹　刘再升
书　　号：	ISBN 978-7-205-09540-6
定　　价：	60.00元

CHINA
IDEA

韩喜平

  内蒙古乌拉特前旗人，政治经济学博士、教授、博士生导师，现任吉林大学党委宣传部部长、吉林大学中国特色社会主义理论体系研究中心常务副主任、吉林大学马克思主义理论一级学科带头人，中央马克思主义理论研究和建设工程首席专家、国务院学位委员会学科评议组成员、教育部教学指导委员会委员、教育部"长江学者奖励计划"特聘教授，入选国家高层次人才特殊支持计划（"万人计划"）哲学社会科学领军人才、全国文化名家暨"四个一批"人才、"国家百千万人才工程"国家级人选、教育部新世纪优秀人才，享受国务院政府特殊津贴。荣获国家有突出贡献中青年专家、全国优秀教师、宝钢优秀教师、全国优秀思想政治理论课教师、全国五一劳动奖章等称号。累计在《马克思主义研究》《当代经济研究》等杂志发表学术论文二百余篇，其中多篇被《新华文摘》《中国社会科学文摘》等转载，公开出版十余部专著和教材，主持承担国家社科基金重大项目、教育部重大委托课题等课题多项。

国家宣言丛书
— NATIONAL MANIFESTO SERIES —

编委会

韩喜平　纪亚光　张新平　肖贵清

吴宏政　马国柱　杨永富　许科甲

蔡文祥　张　洪

/ 总序 /

总序 CHINA IDEA

改革开放40周年之际，中国发展进入了新时代、提出了新思想、踏上了新征程。习近平总书记在党的十九大报告中明确提出："中国特色社会主义进入新时代，意味着近代以来久经磨难的中华民族迎来了从站起来、富起来到强起来的伟大飞跃，迎来了实现中华民族伟大复兴的光明前景；意味着科学社会主义在二十一世纪的中国焕发出强大生机活力，在世界上高高举起了中国特色社会主义伟大旗帜；意味着中国特色社会主义道路、理论、制度、文化不断发展，拓展了发展中国家走向现代化的途径，给世界上那些既希望加快发展又希望保持自身独立性的国家和民族提供了全新选择，为解决人类问题贡献了中国智慧和中国方案。"习近平新时代中国特色社会主义思想是当代中国化的马克思主义、是21世纪的马克思主义，是为中国人民谋幸福、为中华民族谋复兴的思想，更是为人类谋和平与发展的科学指引。

新时代承前启后、继往开来。新时代既是实现中华民族伟大复兴中国梦的时代，也是中国日益走近世界舞台中央、不断为人类作出更大贡献的时代。综观世界大势，国际环境波诡云谲，世界治理面临着各种挑战，世界经济复苏乏力、局部冲突和动荡频发、全球性问题加剧，这些问题的核心是发展问题，是人类"向何处去"的问题。针对如何走出发展迷局，如何解决发展难题的困惑，世界各国和国际组织越来越希望听到中国声音，越来越期盼看到中国方案，越来越渴求借鉴中国发展新文明。

中国与世界的互动和对世界的贡献，蕴含在中国从站起来到富起来，再到强起来的历史逻辑之中。中国的实践成就和文明成果是在"改革开放40年的伟大实践中得来的,是在中华人民共和国成立近70年的持续探索中得来的,是在我们党领导人民进行伟大社会革命97年的实践中得来的,是在近代以来中华民族由衰到盛170多年的历史进程中得来的,是对中华文明5000多年的传承发展中得来的,是党和人民历经千辛万苦、付出各种代价取得的宝贵成果"。进入新时代,"强起来"的中国,将为促进世界和平发展不断贡献中国智慧和中国力量。一个和平大国的"强起来"既是国家经济实力、科技实力、国防实力、综合国力的强,也是中国国际影响力和文化软实力的提升,更是要让人民的生活更加富裕美好。

文化兴,世界兴。新时代的世界意义核心在于中国的成功在思想文化和文明形态层面给世界更多贡献。这要求我们必须讲好中国故事,创建中国理论,传递中国声音,构建中国特色、中国风格、中国气派的哲学社会科学,这套"国家宣言"丛书正是在中国特色社会主义进入新时代这样的大背景下构思编写的。

丛书深入研究党的十九大精神,学习习近平新时代中国特色社会主义思想,立足党的十八大以来中国道路的成功经验,面向决胜全面建成小康社会、建设社会主义现代化强国的新征程,从"中国智慧""中国自信""中国理念""中国战略"和"中国方案"五个方面,向世界发出中国声音,以期能够为提升中国道路的世界影响力贡献绵薄之力。

《中国智慧》主要以中国优秀传统文化、中国共产党革命和建设的红色文化,尤其是改革开放以来的社会主义核心价值体系和核心价值观为考察对象,从深沉的中国价值的角度,思考中国道路在文化和价值观领域里的基本问题,该部分是丛书在思想高度和价值层面上的展示。

《中国自信》从中国近现代以来的发展历史的角度,从当代改革开放取得的实践成果出发,论证中国道路的正确性,提出中国道路自信的历史和现实依据,从马克思主义理论的科学性、中国改革开放思想的包容性、贯穿始终的人民性及面向世界的目标取向四个方面切入，突出中国道路自信、理论自信、制度自信和文化自信。

《中国理念》突出以新发展理念为主要内容的习近平新时代中国特色社会主义经济思想，思想是行动的先导，明确发展理念，才能制定出正确的发展战略，从而实现发展目标。进入新时代，中国共产党准确把握中国及世界发展格局的变化，提出创新、协调、绿色、开放、共享的发展理念，具有重要的理论、实践和世界意义。

《中国战略》聚焦习近平新时代中国特色社会主义思想，明确中国特色社会主义事业总体布局是"五位一体"，战略布局是"四个全面"，着重研究中国走向社会主义现代化强国的战略安排，明确"战略定位""战略方针""战略部署""战略对策""战略选择"等内容，论证中国战略的理论依据。

《中国方案》着眼于中国的国际担当和外交战略，审视西方发展道路的弊端，提供中国解决世界政治经济问题的方案，展示大国责任、贡献中国智慧，突出"一带一路"倡议的战略价值，推动构建人类命运共同体。

为了让更多的人了解"中国宣言"，本丛书遵循问题导向，坚持理论性与通俗性相结合，力图把基本原理、基本概念用更为接地气的语言表达出来，同时，力求用最简短的语言表达深刻的哲理问题。

韩喜平
2019年2月

CHINA
IDEA

总序　_001

第一章 /
发展理念概述

一、发展理念的基本内涵　_002
（一）发展的内涵　_002

（二）何为发展理念　_006

二、发展理念的显著特征　_009
（一）前瞻性　_010

（二）导向性　_011

（三）科学性　_012

（四）时代性　_013

（五）创新性　_015

（六）民生性　_015

三、发展理念的主要功能　_016

（一）提供理论指导　_017

（二）激发主体动力　_018

（三）明确行动指南　_020

第二章/

人类的发展理念演进

一、农业社会时期的发展理念　_026

（一）中国古代的发展理念　_026

（二）西方发展理念溯源　_035

二、西方工业社会以来的发展理念　_039

（一）西方近代的发展理念　_039

（二）西方现代的发展理念　_042

第三章/

中国共产党发展理念的历史演进

一、革命时期的发展理念　_052

（一）土地革命时期的主要社会矛盾　_052

（二）克服经济困难，巩固根据地政权　_054

（三）土地改革激活发展内在动力　_055

二、社会主义建设时期的发展理念　_057

　　（一）国民经济恢复与发展　_057

　　（二）总路线的提出　_058

　　（三）明确四个现代化目标　_060

三、改革开放新时期的发展理念　_062

　　（一）发展才是硬道理　_063

　　（二）发展是执政兴国的第一要务　_065

　　（三）科学发展观　_067

第四章 /
新发展理念的内涵与价值

一、新发展理念的科学内涵　_072

　　（一）新发展理念的提出　_072

　　（二）内在要素之间的内涵关联　_073

　　（三）新发展理念的基本特征　_075

　　（四）新发展理念内在要素之间的互动关系　_077

二、新发展理念的成因　_079

　　（一）新发展理念的问题导向　_079

　　（二）新发展理念是对规律认识的深化　_085

三、新发展理念的意义　_097

第五章/
新发展理念的具体分析

一、创新是发展的价值动力　_102
　　（一）创新发展的基本内涵和价值　_102
　　（二）创新发展面临的现实问题　_104
　　（三）创新发展的实践推进　_107

二、协调是持续健康发展的内在要求　_109
　　（一）协调发展的基本内涵与精神实质　_109
　　（二）我国协调发展中存在的问题　_113
　　（三）正确把握协调发展中的不平衡性　_114

三、绿色是永续发展的必要条件　_115
　　（一）绿色发展的基本内涵与价值要求　_115
　　（二）我国绿色发展中存在的问题　_116
　　（三）新发展理念中的绿色发展　_118

四、开放是国家繁荣发展的必由之路　_119
　　（一）开放发展的丰富内涵　_119
　　（二）开放发展是实现强国之路的必然选择　_122

（三）新发展理念中的开放指向 _123

五、共享是社会主义的本质要求 _125

（一）共享发展的基本内涵 _126

（二）国家共享发展中存在的突出问题 _127

（三）新发展理念中的共享愿景 _128

第六章 /

新发展理念的落实

一、新发展理念的战略价值 _132

（一）提供新思路 _132

（二）寻求新动力 _135

（三）重塑新目标 _137

（四）指明新方向 _139

（五）提供新出路 _141

二、新发展理念的战略选择 _143

（一）创新发展理念的战略意识 _143

（二）协调发展理念的战略意识 _146

（三）绿色发展理念的战略意识 _149

（四）开放发展理念的战略意识 _152

（五）共享发展理念的战略意识 _154

第七章 / 中国理念的世界意义

一、走出发展迷思 _160

（一）动力迷思 _161

（二）均衡迷思 _163

（三）环境迷思 _164

（四）联动迷思 _166

（五）分配迷思 _167

二、解决发展难题 _169

（一）发展乏力问题 _170

（二）发展失衡问题 _172

（三）环境破坏问题 _174

（四）开放发展问题 _175

（五）社会分配问题 _177

三、提供发展新方案 _180

（一）创新发展新方案 _180

（二）协调发展新方案 _182

（三）绿色发展新方案 _184

（四）开放发展新方案 _186

（五）共享发展新方案 _188

四、构建发展新文明　_190
　　（一）创新发展新文明　_191
　　（二）协调发展新文明　_194
　　（三）绿色发展新文明　_195
　　（四）开放发展新文明　_198
　　（五）共享发展新文明　_200

结　语　_204

参考文献　_206

后　记　_220

/ 第一章 /

发展理念概述

"物质生活的这样或那样的形式,每次都取决于已经发达的需求,而这些需求的产生,也像它们的满足一样,本身是一个历史过程。"[1]其实,人类生活于什么样的世界,除了技术层面生产力的制约因素以外,更为重要的是思想层面上层建筑预设是一种什么样的状态。思想是行动的先导,有思想、有规划是人与动物的最大区别,准确地判断事物规律,明确发展理念,才能制定出正确的发展战略,从而实现发展目标。本章将就发展理念的内涵、特征、功能作用等方面进行概述,这是理解中国新发展理念的理论基础。

一、发展理念的基本内涵

发展理念是对发展实践的认识和反思,同时也明确了进一步发展的方向与手段。发展理念范畴是和发展范畴密不可分的,发展是发展理念的核心范畴。发展是具有广泛包容性的概念集合,也是人类社会进步的基础。因此,要明确新时代的发展理念,首先要搞清楚发展和发展理念的基本内涵。

(一)发展的内涵

发展是一种进步,然而,回溯过去,无论是以古代希腊为代表的西方文明,还是以古代中国为代表的东方文明,整个古代社会都没有现代意义上的发展观念。在古希腊,占据主导地位的是"衰退史观",历史被看成是一个衰亡的过程。与古希腊的这种衰退论不同,在古代中国,循环论是古代社会历史观念的基本特征。在这种历史观中,历史被看成是一个没有进展的循环过程。由此可见,"发展"是一个更贴近现代社会的概念,而非传统社会的概念。西方直至17世纪晚期,"发展"这个词才逐渐形成它的现代含义,开始指一种历经一些可以识别的阶段的有序变迁过程。当然,这也并不是说我们

---

[1]《马克思恩格斯文集》(第一卷),人民出版社2009年版,第575页。

不能在研究历史发展进程时使用"发展"这一概念。

在不同的领域和语境中,"发展"这一概念具有不完全相同的含义。如在辩证法理论中,发展是一个基本范畴,是指自然界和社会历史领域存在的普遍性质和发生的普遍现象,即事物从简单到复杂、从低级到高级、从萌芽到成熟的趋势和过程。在哲学史上,对发展有着两种不同的理解,如同列宁所说:"有两种基本的(或两种可能的?或两种在历史上常见的?)发展(进化)观点:认为发展是减少和增加,是重复;以及认为发展是对立面的统一(统一物之分为两个互相排斥的对立面以及它们之间的相互关系)。"[①] "发展"概念与"运动""变化"概念是不一样的。广义的"运动"和"变化"如同布朗运动一般,不具有方向性的要求。而发展概念不仅包含"与原来不同"的意义,而且具有变化"方向"的意义,是向着某种指定方向的变化,并且这种指定的未来前进方向被看成是发展的唯一的方向。同时,这个方向是具有价值含义的指向性,即是一个包含着某种"价值预设"和"价值标准"的概念。也就是通常意义上人们所讲的从无到有,由小到大,由弱变强。

而把发展与经济学联系起来最为成功的是发展经济学。这是由于二战后,进入现代化国家的发达国家总结成功的经验,描述出从不发达到发达的所谓"发展路径"规律,然而,落后国家在按照发达国家的模式探索现代化的过程中,不仅没有走向发达,反而出现贫富分化、环境污染、失业严重等更为严重的问题,发展中国家普遍认识到历史条件与国情的不同,不能够按照发达国家原有的现代化道路发展了,由此产生了发展经济学,这里,发展有着特定的含义,即从不发达到发达,从非工业化到工业化,从非现代化到现代化的过程。由于受到20世纪中后期石油危机爆发以及受到日本和"亚洲四小龙"发展的冲击,一些欧美国家出现了经济危机。为了保持经济发展及其领先地位,这些国家也开始探索和实施相应的经济发展计划方案,这时期

---

① 《列宁选集》(第二卷),人民出版社1995年版,第557页。

的发展含义扩大到先进国家的导向变迁。①发展经济学中的发展,从对象而言主要是发展中国家的发展,从阶段而言主要是20世纪以后的发展,从重点而言主要是经济发展,从研究方法而言主要是理论研究与实证研究相结合。所以,如今发展在一定程度上是进步的代名词,是泛指人类在生产生活实践过程中取得的包括科学技术领先、物质财富积累、精神财富创造、人的价值追求等等在内的所有的人类活动从量变到质变的飞跃过程。其中包括制度创新和道德规范等方面的因素。在历史观的领域中,发展则特指人类社会的发展。人类社会的发展是一个以物质资料生产和再生产为基础的实践过程,而不仅仅是一个物质运动的自然过程。人类社会的发展在不同的历史阶段,由于发展条件的变化和发展理念的改变,发展的重心是不同的,是一个发展本身也在发展的过程。

二战结束后,发展经济成为大多数发展中国家的首要任务,以国民生产总值为核心的经济增长论应运而生。这种传统的发展观对经济繁荣起到了重要的推动作用,但由于片面追求经济增长,在一些国家出现了经济结构失衡、增长动力不足等问题,也就是"有增长无发展"的现象,我国也不例外。人们开始把经济增长与经济发展区分开来,不仅追求GDP的增长,而且追求包括国民经济素质提高、经济结构优化的经济发展。这是从追求经济增长到追求经济发展的思想转变。20世纪六七十年代,一些国家经济高速增长,但普通民众并没有从经济增长中得到更多实惠,分配不公、失业率上升、社会腐败等问题进一步加剧,甚至在一些国家出现了社会政治动荡。人们逐渐认识到,社会制度的进步、社会结构的变化和社会福利的改善,与经济发展具有同等重要的地位,发展不仅是经济发展,而且是社会发展,发展是一个在经济发展基础上的社会发展过程,由此提出了经济、社会、环境、文化发展的综合发展观。综合发展观从以物为中心转向以人为中心,提出发

---

① 徐泽民:《发展社会学理论:评介、创新与应用》,中国人民大学出版社2014年版,第1—2页。

展的目的是消除贫困、扩大就业,普遍提高人们的物质生活水平,发展是全体成员分享发展成果的社会全面进步,发展是"为一切人的发展和人的全面发展"[①]。这是从追求经济发展到追求社会发展的思想转变。20世纪70年代以来,世界各国工业化进程进一步加快,带来了能源资源日趋紧张、生态环境急剧恶化等一系列全球性问题;特别是70年代发生的"石油危机",更是对传统工业化道路提出了严峻挑战,迫使人们不得不对发展的可持续性给予更多的关注,促使可持续发展观的出现。可持续发展观,是经济社会发展与人口、资源、环境互相协调,兼顾当代人和子孙后代利益能够不断持续的发展观。进入90年代后,联合国通过的《里约宣言》和《21世纪议程》,把可持续发展从概念变成了行动。"既满足当代,又不贻害后代"的可持续发展理念逐步被国际社会所认同和接受,可持续发展成为许多国家促进人与自然和谐发展的战略选择。这是从追求眼前发展到追求可持续发展的思想转变。而2007年亚洲开发银行和2008年世界银行分别提出和明确的"包容性发展"的理念,因其倡导公平合理地分享经济发展成果,寻求经济与社会的可持续协调发展,被我国各界热切关注。

古人对发展的研究,大多是基于"幸福""快乐""美德"等人类发展的终极目的进行探索的。近代以来学者将发展的研究转向经济发展,转为更为实际的问题上,如经济增长、贸易、竞争等,而发展在现代的含义也就被等同于资本积累、GDP增长、技术变迁、经济结构转型等等。当然,从一开始提到发展,我们就离不开经济这个方面,这是因为经济发展是政治、文化、社会发展的经济基础和前提。人类在追求发展的内在要求驱使下,就必须从事经济活动,不断提高社会生产力。但我们也要看到,人是发展的目的,发展是为了人的发展,只有人才可以充分享用各个层次、各个领域发展的成果。马克思和恩格斯把实现每个人自由、全面的发展作为发展的理想目标和

---

① [法] 弗朗索瓦·佩普:《新发展观》,张宁、丰子义译,华夏出版社1987年版,第20页。

最高境界。人的发展就是促进人的素质的全面发展和人的权利的普遍发展，保证人的价值和自由，提高人的生活质量、发展潜能和幸福指数。人的发展依赖于社会发展的程度，存在于社会发展的进程之中，又成为社会发展的核心价值与追求。我们所要讲的发展，是人类社会的发展，它不是物质或精神的单方面发展，也不限于某一历史时期的某一类型国家的发展，不仅指某一个发展阶段，而是人类社会的普遍趋势和永恒主题。它包容了发展中国家的发展，使其成为发展历史中的一个特例。与辩证法的"发展"相比，它具有更为专门的含义，是人类社会的自身发展，是辩证发展在社会领域的体现和证明，同时又有着人类社会发展特有的性质和规律。因此，我们可以这样理解发展，即是人类推进社会生产和社会生活的历史活动过程和结果。当然，本书中的发展作为一个基本范畴，包含着丰富的内容，从中可以分解和派生出许多与发展相关的概念，更为突出经济发展。

（二）何为发展理念

人类实践与认识是并行发展、相互交融、密不可分的，发展实践与对发展的认识也是如此。马克思主义认为，人和动物的本质区别是人具有主观能动性。人是有思想、有意识地支配自己的行为。为谋求自身发展，人类经过漫长的历史时期不断产生出新方法、新措施、新思想来支配发展导向，引导发展目标，这就是所谓的发展理念。当然，发展实践经过关于发展的认识过程产生了关于发展的认识成果。其中在世界观和方法论层面上的认识成果，主要表现为在历史观和社会方法论层面的发展思想，即关于人类在社会发展问题上的总体看法和根本观点的理性凝结，这也就是我们所讲的发展理念。

发展理念是对发展本质与意义的最基本认识和体悟。一定的发展理念是与其相适应的整个发展理论的内核所在，它支撑和影响着某种发展理论的形成和建构，同时又直接影响整个社会的发展实践；因为一种发展理念反映了一种时代精神、实践理性和价值取向，它引导一个国家、民族的发展潮流，

第一章
发展理念概述

对社会发展产生重大而深远的影响。①发展理念不是封闭的，而是开放的；不是固定的，而是变化的。随着历史的进步，发展理念也经历了一个从萌芽到丰富、从零散到系统、从表层到深层、从朴素到科学的过程。发展理念为人类社会向前发展提供最富有价值的指导，为发展路径指明了前进的方向。发展理念作为一种观念性、思想性的存在，是对发展的理论性的反映和认识，是关于发展的总体性、规律性、价值性、思想性、指导性认识。发展实践产生了发展认识，发展认识又在影响、引导和改变着发展实践。发展理念包含着发展的理念、发展的导向、发展的评价，是指导发展的思想理论。人在发展中的主体性越强，发展理念对经济社会发展的指导作用就越为明显。发展理念在历史观中具有重要的地位和意义，是因为发展对于人类社会历史具有基础的地位和本质的意义。在发展与不发展之间，发展才能满足社会日益增长的各种需要，发展才能为社会进步提供长期有力的支持，发展才能保证国家的长治久安和自立于世界民族之林。不发展，社会就没有生机和活力，就不能进步。理念没有什么正确与错误之分，过分强调正确与错误是极其狭隘的，因为事物是不停变化的；也没有固定不变的理念，不管什么理念，都要经过实践不断完善，不断融合实际情况，融合周围物质环境，不断磨砺和完善，才能不断地进步与成熟，从而在更高层次上让理念进化，同时延伸理念范围和深刻理念内涵。不过，在发展理念的演变进程中，确实也出现过片面的、狭隘的、落后的发展理念，导致发展的曲折和停滞，让人类自食其果，付出了历史的代价。

发展理念是社会历史、经济、政治、文化传统等多种因素的反映和产物。发展理念作为一种观念的存在，首先是以现实的存在为基础和根源的。发展的实践产生发展的理论，发展的逻辑映射发展的历史。一般地说，有什么样的发展实践要求，就有什么样的发展理念；发展实践达到什么程度，发

---

① 丰子义：《发展实践呼唤新的发展理念》，载《学术研究》，2003年第11期。

展理念才能达到什么程度。发展理念是发展实践的思想自觉和理论自觉，要达到这种自觉，又是与一定历史时代的世界观和方法论、历史观和价值观密切联系的。发展理念是在世界观和方法论层面上的发展理论。世界观是人们对世界的总体看法和根本观点，方法论是人们认识和改造世界所遵循的根本方法，世界观也具有方法论的功能。发展理念是关于发展的本质、目的、内涵和要求的总体看法和根本观点，具有普遍性和根本性，是世界观和方法论在发展问题上的集中体现。世界观和方法论包含着价值观，发展理念同时也是一种价值观。它表明了在什么是发展、为什么发展、发展为了谁、应该怎样发展等问题上的价值评价和导向，不同的发展理念内含着不同的发展价值观。世界观和方法论、历史观和价值观影响着发展理念，渗透到发展理念之中，发展理念又是世界观和方法论、历史观和价值观的重要体现。比如在马克思的发展思想当中就既包括发展理论，也包括发展理念。如何理解这个问题，关系到对马克思历史唯物主义理论性质的理解。如果我们在历史观即历史科学的意义上看待马克思的历史唯物主义，那么马克思的历史唯物主义体现的就是一种发展理论；如果我们在世界观即哲学的意义上去看待马克思的历史唯物主义，那么马克思的历史唯物主义体现的就是一种发展理念。发展理念与社会科学、综合学科的发展密切相关，发展理念的发育、观点的酝酿，还是以各门社会科学的发展状况，以及自然科学、技术科学和社会科学的融合状况为条件的。许多学科理论都对发展理念的形成与发展起着重要的营养和塑造作用，并且这些学科理论本身就包含着一定的发展理念，发展理念也是从这些学科成果中生长和提炼出来的。各个国家的发展是在一定政党的领导下进行的，执政党的发展理念是该国占主导地位的发展理念。执政党的发展理念是由该党的阶级属性、代表对象、指导思想、执政理念、治国方略和形势任务等因素决定的。

发展是各民族的发展，各民族的文化传统、宗教信仰、资源结构、制度形态和国际地位等，无不影响、渗透、体现在该民族的发展理念中，形成了本民族独具特色的发展理念。发展理念是由一系列关于发展的根本观点构成的理论体系，这些根本观点基于对发展重大问题的反思和回答。发展理念依赖于发展的实践，同时又有力地引导着发展的实践，塑造着发展的历史。随着人类社会发展的自觉性和主体性日益增强，发展理念的指导性越来越重要，对发展理念的科学性要求越来越高。发展理念作为发展的规范，指示着发展的道路和方法。人类发展理念不是只有一种发展理念，各民族的发展理念的存在都有其合理性和社会功能，发展的共同性使得各民族、各国家的发展理念间具备了可交流性和可借鉴性，并逐渐形成一些发展共识。随着经济全球化进程的深入和人类命运共同体的推进，各国家之间的联系将更加紧密，不断产生具有世界性和时代性的发展理念，发展理念也更加具有全球性。

二、发展理念的显著特征

"发展的本质是人类不断提高主体能力、获得自身的解放、追求自身的自由而全面发展的历史活动过程"[1]，而决定发展的方向、道路、发展模式、方针的因素，是人类在社会发展的历史条件下形成的理性思维方式，表现在对社会发展的统筹规划上，也就是发展理念。发展理念为正确的社会发展方向提供指引，为明确社会发展道路坚定信念，为先进的社会发展模式明晰路径，为精准的社会发展方针实施策略。在关注人类的基本生活诉求和对美好生活向往的追求过程中，发展理念经历了从单一到全面、从片面到完整的发展历程，从而不断促成人类社会经济、政治、文化、教育、环境等各方面的进步，最终实现阶段性的社会发展。随着人们对社会发展阶段性的重视，对事物发展规律性和价值性有了进一步的了解和具有客观性的判断，发展理念作为对客观社会实践活动的理解和反映也随之发展起来，并在发展过程中有

---

[1] 杨信礼：《发展哲学引论》，陕西人民出版社2001年版，第12页。

其自身的显著特征。

(一) 前瞻性

凡事预则立，不预则废。发展在不同的历史时间节点表现出阶段性的战略机遇期，这就需要决策者从历史和未来发展的辩证关系的角度出发，以高瞻远瞩的战略眼光审视大势全局，认清当前的机遇和挑战，准确分析社会发展所处的有利环境和影响其发展的各种不利因素，在社会进入新的发展阶段之前做出谋划，适时趋利避害、扬长避短，赢得社会发展的主动权。在整个人类社会发展进程中，为更好地适应物质世界和观念领域的交互作用及其变化，人类会根据现实发展状况，预见性地制定出解决人类生存危机、符合时代发展需求的新型发展理念，所以发展理念有着鲜明的前瞻性特征。

首先，发展理念的前瞻性体现为对客观事件的科学精准的判断。社会发展由诸多因素构成，在各因素相互作用下会呈现出一系列复杂性、困难性等特征。但风险和挑战并存的同时，机遇也同时存在。发展理念能够站在世界观和方法论的高度，有效地指导人们在面对层出不穷的社会发展现象时，做到对各类矛盾叠加的现象保持清醒的认识和整体的把握；同时，发展理念要尊重社会发展的客观规律和客观历史条件，以高度的战略定力和坚定的战略自信充分估计当前及未来社会发展压力，确保经济发展的总体稳定。面对社会发展的不定趋势和不断变换的局面，发展理念应做出客观判断，坚持实事求是的理性思维模式，不脱离实际地提出目标，也不畏首畏尾地羁绊于原地，实时对事物发展态势做出最科学、最准确的判断。

其次，发展理念的前瞻性还表现为对发展策略的明晰合理的规划。经济发展过程中，人们以发展理念转变引领发展方式转变，以发展方式转变推动发展质量和效益的提升，以此来实现新旧发展动能的平稳切换。在经济全球化大背景下，要增强更新发展理念的自觉性和紧迫感，针对当前发展态势巩固和提升发展效益，就要预先谋划未来经济发展布局，从生产方式、生产结构上做出重大调整，在尊重社会阶段性的历史条件和理性思维模式下，确立正确的发展动机、制订符合客观规律和时代背景的发展规划。社会发展进程中所有纷繁复杂的行为目的和行为规范，都需要前瞻性思维的引导和调整，进而促使社会发展按照稳定、有序的状况进行，同时促使发展理念不断提升新境界、新水平。

（二）导向性

发展理念作为一种科学的理性思维模式，为人类的自由全面进步与整个社会的和谐发展指明了前进方向并提供了具有现实意义的理论指导，是对未来发展进行的具有战略性、纲领性、引领性的深刻指导思想和系统筹划安排，是对社会发展客观规律的最基本也是最深刻的认识，具有重大的实践导向功能和战略指引意义。同时，发展理念是随着社会的发展而不断变化的，为经济发展提供系统的理论指导和有针对性的决策服务，在引领社会发展过程中有着鲜明的导向性特征。发展理念的导向性特征通过贯穿发展的主线、提高发展的关键、延续发展的力量支撑三个维度展示出来。

首先，发展理念的导向性表现为发展理念是贯穿整个发展过程的主线。发展理念决定着一个国家或民族把握发展精髓，选择适应其国情、民情的发展道路。导向性在整个发展理念的指导过程中贯穿始终，指导人们在面对日益复杂的发展新形态时要系统、科学、全面地把握人类社会发展规律，在分析国情和社会问题的实践过程中做出科学论断，不断化解社会矛盾，沿着社会发展进步的方向前行。社会发展是在人类不断发现问题，进而不断寻求创新和突破的解决办法中进行的，具有鲜明的不确定性和探索性。在这一发展进程中，人类社会需要正确的价值导向，并在这种价值导向的引领下最终能够达到人的自由全面发展，而这种价值导向究其实质是由发展理念的本质决定的，并贯穿于整个发展理念本身。

其次，发展理念的导向性表现为发展理念是提高发展水平的关键。发展理念的导向性特征，是由发展的性质和任务决定的。社会发展到不同阶段会有代表自己时代的任务和使命，这些任务和使命反映到意识形态领域便形成了价值和观念，形成了关于自然、社会和思维发展的思想观点，体现出来的是一种提高发展目标的理念。发展目标导向是在达到原发展目标和设立新发展方向的循环中坚持发现问题、解决问题、达到目标、提出新目标，进而逐步形成新的发展理念的引领发展过程。在人类社会发展历程中，发展理念从客观实际出发、揭示和把握规律，根本任务是保持正确的发展方向，树立科学的发展信念，切实提高人类社会发展质量。

最后，发展理念的导向性表现为发展理念是延续发展的有力支撑。发展理念以科学准确的立场、观点、方法引导人们认识和了解社会发展现实，引领人民为赢得更好更快的发展而激发创新精神和增强实践能力。发展理念本着尊重客观实际、尊重社会发展规律的原则，紧紧围绕事关全局和长远发展的重大议题，分析发展形势并通过这种模式在更深层次上切实探寻解决之道，对社会发展有着充分的指导作用，同时也为更长远的发展奠定了思想基础。不同阶段的发展理念面对新的发展环境和研究对象，会设定出新的发展目标、寻求新的解决问题的方式方法，形成适合于当下的指导方针、政策，为延续发展提供了力量支撑。

（三）科学性

发展理念总是在不同的历史时期站在不同的历史节点，通过对人与自然、社会之间的矛盾分析过程，审视人类社会在不同因素影响下所经历的一步步实践路径，并在权衡自然、生态、社会之间的统一协调发展基础上，以实现经济快速稳定发展为依托，制定出符合社会前进方向的发展模式，推动人类迈向更加文明的发展道路。发展理念在引领整个人类社会发展进程中无不凸显其科学性特征，并通过人的主体地位及核心作用，在扬弃旧思想、创造新理念中得以具体体现。

首先，强调人的主体地位和核心作用是发展理念先进性的认识论基础。社会发展的最终目的是人的全面发展，而对于物的财富的积累只是达到人的发展的基本路径之一。在经济、政治、社会、文化等方面协调进步的同时，最重要亦即放置于发展中心的是人与自然、人与社会、人与人之间的全面协调可持续发展。在整个历史发展过程中，以生态多样化发展来促进人类与大自然互利互惠、共同发展这一观念不会变；满足当代以及后代子孙长远发展的需要这一观念不会变；在整个生态文明社会，人与人之间的平等竞争、自由生存和发展的权利不会变。社会发展的出发点和最终落脚点是人的自由而全面地发展。

其次，科学地扬弃旧思想、创新新理念是发展理念先进性的本质体现。发展是时代的需求，而这种需求需要科学理念的支撑。发展理念根据不同的时代特征和发展态势，适时转变发展思维模式，进而推动整个人类社会协调快速发展。例如当今在新的发展理念引领下，部分能源消耗过多的问题得到解决，众多高耗能重污染的大型产业得以整顿，人类在经济空前增长态势下对大自然无限制的扩张得以避免。这对于解决人类与自然、社会和谐永久可持续发展有着重要的意义，体现了较以往落后经济发展观念的指导方式的先进性。

（四）时代性

列宁曾指出："只有了解了某一时代的基本特征，才能在这一基础上去考虑这个国家或那个国家的更具体的特点。"[①]可见，时代特征是一个国家或民族发展需要考虑的必要因素。发展理念作为对社会发展的现象、本质、规律的认识和反映，随着人类社会的不断进步完善成为社会时代发展的存在，并在一定程度上体现了社会不断进步的时代性，并随着社会的不断进步以及时

[①] 《列宁专题文集：论资本主义》，人民出版社2009年版，第92页。

代的变化回应时代需求、解决时代困惑，在不同的历史时期被打上鲜明的时代烙印。发展理念的时代性特征，通过社会实践作为坚实基础、时代选择作为基本路径、与时俱进作为根本保障三个方面得以体现出来。

首先，经济社会发展实践是发展理念时代性的坚实基础。人类社会实践是人类发展的根本动力因素，是贯穿于整个人类社会形态发展的现实驱动力。人的思想观点来源于实践，是人脑对社会实践做出的能动性反映，所以发展理念根植于伟大的人类社会实践，并伴随着伟大实践的深入而延展开来；在对社会实践的深入反思和分析探讨中，提出更加符合发展规律的具有针对性的发展政策和规划。不同的时代产生不同的发展理念，而这些理念是通过社会实践不断作用于时代的发展，进而满足人民发展的基本需求，丰富人民的物质文化生活，助推人类文明进步。

其次，发展战略的时代选择是发展理念时代性的基本路径。人类社会每步入一个新的发展阶段，作为引领发展方向和发展模式的发展理念都是合规律性与合目的性的完美统一。有效的社会发展就是人类社会进步的合规律性以及合目的性的结合过程；从一定程度上来说，不同时期的发展理念是不同时代选择的历史性成就，即时代选择承载了正确的发展理念的诞生。不同发展理念的时代性特征是在社会发展的不断传承和超越中得以显现的。发展理念保持从经济发展实际出发，把握经济发展的时代特色，并根据国情的演变、人民群众的诉求，有针对性地化解发展中涉及的各种矛盾，从而促进经济的稳步快速发展。同时，发展理念一直注重创造性转化和创新性发展的重要性和必要性，顺应时代发展的需要，有所创新，有所发展，不断焕发出新的活力。这种发展进程是伴随着经济、政治、文化、社会等融合发展而展开的，是对时代发展诉求进行高度浓缩和提升的过程，是时代发展的产物。

第三，与时俱进是发展理念的时代性的根本保障。时代性本身具有历史性发展范畴，是随着社会实践在发展时限上的跨越而不断发展和向前推进的。发展理念的时代性突出表现在它能够针对发展现状不断回应时代的基本诉求和解答时代面临的发展问题，从而在对时代问题的解答中砥砺前行。一个民族要进步，就需要在伴随时代发展不断积淀时代思想精华。在实践进程中总结历史经验教训而得出的新的发展结论，是不断实现社会发展的根本方法。每一个民族必须从它所属的那个时代的经济结构及其演变过程及不同经济形态之间的区别来定位其时代性特征。

（五）创新性

发展理念因其源自社会实践而具有了坚实基础，因其适应时代选择而具有了基本路径，因其坚持与时俱进而具有了根本保障，从而使自身具有了鲜明的时代性特征。思维活动的结果往往是建立或修正概念，形成或创新理念。思维既有技术层面的思维，又有伦理层面的思维；既有逻辑层面的思维，又有哲学层面的思维；既有战术层面的思维，又有战略层面的思维。不同层面的思维产生不同视角的理念。当然，不同思维层次的选择未必完全一致，如同战略与战术的选择会有不同一样，有时为了战略全局的主动，战术局部要做出牺牲。理念一经确立，会较长时间地影响人的行为行动，如果实际情况已经发生变化，理念不能根据已经发生变化的实际而创新，那就是我们要克服的"思维定式"或"思维惯性"。

（六）民生性

无论是生产力的显著提高、物质财富的极大丰富，还是科学技术的空前进步，离开满足人民群众对美好生活的向往都是毫无意义的空谈。"没有人类，这整个创造就只能是浪费，徒劳没有最后的目的"[①]。发展理念的任务是服务于发展，最终目的是造福人类，推动社会进步，实现人的彻底解放、自由全面地发展。在社会发展中，人是最终的利益主体。从一定程度上来说，

---

① ［德］康德：《判断力批判》，北京师范大学出版社2003年版，第109页。

社会进步是人类发展的条件和基础,而人的自由全面发展也终将在社会的进步中最终得到实现。衡量一个社会的发展程度,就要看这个社会能否很好地满足最广大人民群众对美好生活的需求,即民生的发展状况。所以,民生性是发展理念的最本质特征。

经济活动归根结底是为了改善民生。发展理念作为经济活动的指导思想,在统领经济发展全局的过程中,把为人的自由全面发展作为活动宗旨,把富民强国作为发展的核心目标。正如有些国家的法律规定:"对于国民谋求生存、自由以及幸福的权利,只要不违反公共福祉,在法律和政府治理上都必须予以最大尊重。"[1]可见,"改善民生""人民至上"的发展理念在社会保障体系中有着充分的体现,一个以人民为中心的政府,在引领发展的进程中能够为人民创造一个良好的、和谐的社会发展机制,那么社会公民的基本生活就会有更好的保障。

此外,发展理念的价值追求是为了民生,发展理念的最终目标是为了人民。在不同的发展阶段,发展目标设立的最终目的是为了不断提高人民的生活水平,提升人民福祉。在建设以物质文明、精神文明、政治文明相互促进的社会主义文明社会,发展的成果惠及人民。社会治理和发展的过程始终以造福于最广大的人民群众为核心,作为社会活动主体的"人"被给予足够的人文关怀,以民生幸福为社会主义发展的总的价值追求,是发展理念执行的根本原则。

三、发展理念的主要功能

根据马克思主义的观点,人的实践不同于动物的本能活动,人类实践活动需要以正确的认识作为先导。实践证明,没有理论指导的实践是盲目的实践,会产生错误的结果。尤其身处世界多极化、经济全球化、文化多样化、

---

[1] [美]亚历山大·米克尔约翰:《表达自由的法律限度》,侯健译,贵州人民出版社2003年版,第384-385页。

第一章
发展理念概述

社会信息化的时代,科学的发展理念对发展实践的导向、预测、促进、指导作用变得越来越重要。发展理念作为人类社会发展的先进思想理论,在引领社会发展的过程中影响并决定着社会发展的道路、方向和模式,对社会发展整体的布局、发展要素之间相互作用的关系起着重要的协调作用,为经济社会发展提供理论指导,为社会文明实践提供不竭动力,为人类社会进步提供行动指南。

(一)提供理论指导

马克思说:"理论一经掌握群众,也会变成物质力量。"[1]黑格尔提出,从自然界到人类社会的万事万物,都是一定思想、观念、理念的派生物或表现形态,这就是"思想支配世界"原则。凯恩斯也说过:"经济学家与政治哲学家们的思想,不论它们在对的时候还是在错的时候,都比一般所设想的要更有力量。的确,世界就是由他们统治着。"[2]恩格斯指出:"一个民族要想站在科学的最高峰,就一刻也不能没有理论思维。"[3]科学理论,是对事物发展内在规律的深刻揭示,是破除认识迷雾的思想灯塔,是引领实践发展的行动指南。社会发展在不同的历史阶段,需要符合当前时代的特定的理性思维观点作为理论支撑,需要在尊重和把握事实客观规律的基础上促进人类、社会、自然之间的和谐发展,发展理念在一定时期内有着关于进步性的解读。发展理念作为发展的理论设计和思想蓝图,必然为经济社会发展提供理论指导。人们的认识要上升为推动发展的思想理念,必然具有科学性、系统性和创新性等特征。

关于经济发展的理念是重要的,相对于经济政策设计是第一层次的。经济发展理念之所以重要,一方面在于经济发展理念是经济思想和理论的直观

---

[1]《马克思恩格斯文集》(第一卷),人民出版社2009年版,第11页。

[2] [英]约翰·梅纳德·凯恩斯:《就业、利息和货币通论(重译本)》,高鸿业译,商务印书馆1999年版,第400页。

[3]《马克思恩格斯文集》(第九卷),人民出版社2009年版,第437页。

体现，经济理论针对特定体制、特定问题给出了有说服力的经济思想，旨在解决特定的问题。另一方面在于它不仅提出了关键的经济思想，还使用了科学的研究方法，有自己独有的范畴、概念、体系和逻辑，在一定层面、一定角度反映着经济运行的规律，并能够被当时或者后来的实践证明其在适用范围内是有科学性的。经济理论相当于基础科学，经济政策设计相当于应用科学。没有经济理论的指导，经济政策的设计容易捉襟见肘，顾此失彼。那些违背经济学常识的政策设计，必然会遭到经济规律的无情惩罚。

经济发展不仅仅在于经济增长速度，更要体现在经济结构的优化、人民幸福生活程度的提高、生态资源环境发展的平衡上。在社会发展进程中，人们清醒地认识到，人类社会经营方式和技术管理水平还处于发展低端，自然资源的骤减和社会亟待迅速发展之间矛盾突出，这就需要创新理念研究，转变发展模式，在保障生态资源相对稳定的状态下，以最小的投入换取最大的经济效益。关注人民对知识、技术等方面所掌握程度的提升，进而发展生态经济，保障现有资源的节约、循环利用和新兴能源的开发开采；同时，树立正确的生产和生活消费方式，在日常生活中提倡人们绿色消费，提高物质资源的回收利用率，从而为社会发展的可持续性保驾护航。

（二）激发主体动力

科学的发展理念可以激发社会主体的创造热情，提升人们参与发展的积极性和主动性。这一点历史已经证明。在历史上，发展理念对发展所起的推动作用也是有案可循的。比如近代资本主义经济学说代表的重农主义学派，它的主要经济思想是视农业为根本，大力发展农业，坚持"自然秩序"的观点、"自由放任"的观点、"重视农业"的观点、"积极发展资本主义大农场"的观点、"对土地所有者单一课税"的观点，是资本主义发展史上某个时期内一种重要的发展理念。自其形成以来，对世界经济产生了重大影响。重农理念产生的背景是，法国农产品产量自路易十四时期以来减少了1/3，农民所受剥削更加繁重。到18世纪中期前，整个农业极其萧条，濒临崩溃。路易十四的继任者摄政王奥尔良公爵和路易十五继承了重商主义的政策，社会经济状况每况愈下；出于无奈，也为救急，"病急乱投医"，主政者竟企图借"苏格兰狂人"约翰·罗的制度设计挽救危局，梦想以金融证券投机致富，结果更加重了经济的混乱和困难，约翰·罗制度也以惨败告终。与重农发展理念相应的，资本主义发展史上也出现了重商发展理念。重商主义是把直观的观察上升到思想，上升到理论，再延伸到经济政策的典型案例。重商主义产生于西欧封建社会晚期，资本主义发展的初期，产生于先行发展的英国和法国。重商主义从一开始就既是一种经济理论，又是一种经济政策主张。重商主义者针对当时的对外贸易，发现了黄金的极端重要性，由此直观地认为金银是财富的唯一代表，并且来自流通中的多卖少买。当时英国的重商主义代表人物托马斯·孟在其《英国得自对外贸易的财富》一书中指出："对外贸易是增加我们的财富和现金的通常手段，在这一点上我们必须时时谨守这一原则：在价值上，每年卖给外国人的货物，必须比我们消费他们的多。"①托马斯·孟发展了贸易差额理论，为当年英国制定对外贸易政策提供了理论指导。

一个理念真正建立起来，并且深入人心，是完全可以引领实践、能够解决实际问题的。确立新的发展理念，有利于解放思想，有利于转变观念，有利于创新发展思路，有利于推动改革，有利于更加有效地配置资源，这些都有利于解放和发展社会生产力。在中国改革开放初期，以邓小平同志为代表的中国共产党人提出了"发展是硬道理"的著名论断，并将其作为一种推动发展的理念运用到经济发展中去，强调抓住时机，发展自己，关键是发展经济。这一论断，进一步破除了束缚发展的思想藩篱，进一步把全党的工作重心聚焦到谋发展抓发展上来。我们党基于这一论断，提出了发展是党执政兴国的第一要务，坚持以人为本、全面协调可持续发展等重要思想，推动实现

---

① [英] 托马斯·孟：《英国得自对外贸易的财富》，袁南宇译，商务印书馆1983年版，第4页。

了我国经济社会发展的不断跨越。

(三) 明确行动指南

一般来讲，发展理念是对发展实践的反映，是发展经验的总结，是发展战略的自觉。辩证唯物主义认识论认为，认识是主体对客体的能动反映。这种"反映"是一个能动的创造性的过程，这种反映是积极的反映，并不是对客观对象的直观描摹或照镜子式的原物映现，而且具有批判性、创造性和前瞻性。如果把人对于对象的反映过程看作是一种信息活动过程，那么，在这个过程中，不仅有对于认识对象信息的接受，而且有对于认识对象信息的分析、选择、运用、重组、整合、建构和虚拟。人的认识不仅仅是客观事物的"摹本"，而且为改造客观事物提供"蓝图"。毫不夸张地说，发展理念影响和决定着社会发展的道路、方向和模式，是社会发展的指向标，对社会发展产生根本性、全局性的影响。

发展理念的形成是以实践为基础的，由于实践不仅把客观事物提供给主体作为其认识的内容，而且能为主体提供加工、改造客体内容的认识模式，从而把认识的反映性和创造性统一起来，所以，发展理念具有一种问题自觉和实践自觉，具有来源于发展实践又高于实践的特性。从实践来看，经济发展需要科学的理念来指引，尤其在传统社会向现代社会快速转型的过程中。发展理念对经济发展有着鲜明的理论上和现实上的针对性，直接关乎经济发展成效乃至成败，在整个社会经济发展过程中起到重大的战略性、纲领性和引领性作用。为不同时期的经济发展提供新思路、新方向、新布局，有利于推动快速发展的步伐。发展理念通过对经济发展方向的科学把握，对经济发展的认识提高到一个新高度，能够顺应时代发展潮流，把握发展大势，完善发展战略，不断力争用新思维赢得发展主动。科学的发展理念能够在总结经济发展经验教训的基础上揭示发展规律、判断发展趋势、增强发展能力、推动发展平衡、改善发展环境、提高发展水平，从而引领新的发展方向。

第一章
发展理念概述

发展理念对发展实践的指南意义，本质上是马克思主义强调的社会意识对社会存在的反作用。

在中国传统文化中，道家与儒家对"无为"或"道"或"天理"，即自然界和人类社会运行的根本规律的认识是十分深刻的，整个中国文化正是建立在这种认识基础之上的。中国传统文化中的哲学思想、政治思想、经济思想的特色都是与这一认识紧密联系的。比如，在对人的行为的控制方面，孟子所强调的是义，同时，孟子已明确地认识到，在市场交易中，商品是有价的。先秦时期，对社会经济运行规律进行系统研究的另一位学者——荀子，其全部理论都是建立在"性恶论"基础之上的。荀子指出，对人性恶的控制包括两种手段，即改造人和建立社会制度规则。荀子所主张的社会制度规则包括礼与法。在经济运行规律上，荀子已认识到，只要农民的财产所有权得到充分的保证，并给予良好的生产环境，农业就可以得到正常的发展，他已提出经济的发展有其自身的规律，不需要政府过多的人为干预。《管子·轻重篇》中提出，在对商品价格变化规律深刻认识的基础上，政府可以通过政令的缓急以及控制商品的聚散等经济手段控制市场的供求与商品的价格，从而实现增加国家财政收入以及治理国民经济的目的。

在西方资本主义演进历史中，发展理念对发展实践的反作用发挥同样很明显，例如市场经济国家实施宏观经济干预政策与经济理论中的凯恩斯主义的关系是：先有市场经济国家的政府针对经济危机，在实践中对自由市场经济加以干预，再有经济学理论中的凯恩斯革命，然后在凯恩斯理论的指导下，更多的市场经济国家实施了经济干预政策。以美国为例，在20世纪30年代美国经济大萧条之前，政府一直奉行并实践着亚当·斯密的"看不见的手"的学说，自由市场经济为美国带来了活力和财富。然而，1929年在美国爆发的经济大危机是"看不见的手"始料不及的。经济危机造就了罗斯福新政，其基本特征是：一反自由放任，强调国家计划和需求管理；举办公共工程，旨在增加就业；摒弃了传统的财政平衡的观点；扩大信贷，增加流通中的货币量，刺激私人投资；向国外转嫁危机，包括宣布美元贬值、组织美元集团等。新政的实施带来了初步的经济恢复，尽管恢复得比较慢，而且后来又出现了反复。

按照凯恩斯的观点，市场经济自发作用不能保证资源使用达到充分就业水平，因而国家有必要采取干预经济的一系列政策，这样就能使资本主义制度解决失业问题，因而仍是"理想的社会"。垄断资本为国家干预经济、生活的政策提供了理论基础。1936年，凯恩斯发表《就业、利息和货币通论》，用"边际消费倾向递减规律""资本边际效率递减规律"和"流动偏好规律"说明资本主义通常存在有效需求不足的问题。他主张由国家实行旨在刺激总需求的宏观财政政策和货币政策，以达到充足就业，缓解经济危机。凯恩斯的理论得到广泛传播和应用。20世纪50—60年代，在对凯恩斯理论长期化、动态化的过程中，形成了解释、补充和发展凯恩斯理论的两大派别：以P.萨缪尔森为代表的新古典综合学派和以J.V.罗宾逊为代表的新剑桥学派。他们都在不同程度上发展了凯恩斯理论。在20世纪60—70年代以前，凯恩斯主义在西方经济学界长期占据统治地位。美国经济学家赫伯特·斯坦在其《美国总统经济史——从罗斯福到克林顿》中深刻地指出："如果没有凯恩斯，特别是其追随者对凯恩斯的解释，扩张性财政政策也许只是一种偶然的应急措施，而不会成为一种生活方式。"凯恩斯主义使得后来的各国政府一遇到危机就轻车熟路地选择扩张性的刺激性政策。虽然发展阶段和发展矛盾的不同，发展理念也不同，但是特定的发展阶段总会产生特定的发展理念，对发展实践产生指导作用，这就是理论的力量。

人类发展实践的演进和发展理念的更新机会是同步的，这个逐渐进化的过程，正是人类社会不断从落后走出来、走向现代文明的进步历程。发展理念在整个社会发展历程中，会随着时代的发展变化而不断更新、与时俱进，也会继续指引发展前行的道路，挖掘更大的发展空间，将整个人类社会推向不断创新发展的轨道。

/ 第二章 /

人类的发展理念演进

国念
中理
CHINA
IDEA

发展是历史的，发展理念也是历史的。"历史是最好的老师，它忠实记录下每一个国家走过的足迹，也给每一个国家未来的发展提供启示。"①"重视历史、研究历史、借鉴历史，可以给人类带来很多了解昨天、把握今天、开创明天的智慧。"②作为政治、经济、文化、社会发展的综合反映，每一历史时期的发展理念都表达了历史的声音，是人类发展史的一面镜子。人类发展理念的演进，经历了若干次历史选择，反映出建筑在一定社会生产力之上的社会生产方式的选择。生产力发展的每一个历史形态，都在人类发展理念的演进上，鲜明地打上了印记。

大约二百万到三百万年前，地球上出现了人类。恩格斯说："随同人，我们进入了历史。"③原始社会是人类历史上最早的社会形态，是人类社会发展的最低级阶段，它占据了人类在地球生存的99%以上的时间。假如说过去人类历史的总长度为一年，那么人类社会进入私有制和阶级社会这一段历史尚不足一天。原始社会不仅是世界各民族历史发展的必经阶段，而且是"建立了全部以后的更高的发展的基础"④。作为人类文明历程发展的一个阶段，现在我们能找到的大部分关于原始社会的内容只是些考古挖掘的发现和神话故事的描述，对原始社会很多概念都是并不十分清楚，而它的消亡时间在不同地域的文明间也是不一样的。

人类为了进行生产，必须按照一定的关系结合起来，这样人们相互结合的总体就叫作社会。原始人类要战胜猛兽和寻找食物，单靠个人的力量是无法生存和生活的，所以必须以群体的形式生活。原始人群就是人类社会的开始。在原始人群时代，恶劣的生存环境使群体成员开始抑制自身的动物私欲和本能。人们群居在山洞里或部分地群居在树上，以一些植物的果实、根茎

---

① 习近平：《在德国科尔伯基金会的演讲》，载《人民日报》，2014年3月30日，第2版。
② 《习近平致第二十二届国际历史科学大会的贺信》，载《人民日报》，2015年8月24日，第1版。
③ 《马克思恩格斯文集》（第九卷），人民出版社2009年版，第421页。
④ 《马克思恩格斯文集》（第九卷），人民出版社2009年版，第122页。

为食物，同时集体捕猎陆地上的野兽、捕捞河湖中的鱼蚌来维持生活，共同生活在原始群体中，实行绝对的生产集体主义和消费平均主义原则，从而得以摆脱被自然选择淘汰的命运。随着采集、狩猎经济的发展，劳动过程中按年龄分工的出现，促使原始人群不断分化，使血缘家族成为社会的基本经济细胞，原始人群发展为比较固定的血缘家庭，整个部落通过血缘关系维持着家族内部的关系。原始社会阶段，人和人之间在生产中是平等互助关系，凡是有劳动能力的人都要参加集体的生产活动。"在没有阶级的社会中，每个人以社会一员的资格，同其他社会成员协力，结成一定的生产关系，从事生产活动，以解决人类物质生活问题。"①

原始生产的前提是自然占有，生产的内容是十分幼稚简单的，只不过限于占有现成的食物和改进取得食物的方法而已。与此相适应的经济生活，也是由最初和动物一样的掠夺，逐渐发展到采集、狩猎，然后才有成年男女间的分工和农业、畜牧业的萌芽。在这种长期而简单的生产过程中，生产者除了自己的双手而外，几乎一无所有。食物的分配也只是自然发生的。在这里，生产工具并不能成为人们生产与生活的纽结，而能够组织生产的，主要是在同一群体内异性之间人身互相占有的血缘关系。因为在原始的生产条件下，唯有血缘关系这一种形式能够把作为生产要素的人和劳动工具结合起来，使得人们以群的力量来弥补个体自卫能力的不足，以群的力量来从事集体劳动，谋取生活资料，以群的力量来保持种的繁衍。既然生产力与生产关系、经济基础与上层建筑都还笼统地被包含在一种原始的社会关系之中，那只有当这种社会关系发生变革和分裂的时候，它内部所包含的各种独立的形式才能清楚地显示出来。原始社会生产力极端低下，决定了生产关系是原始的公有制。在这种情况下，人们过着极端困苦的生活，没有剩余产品，没有私有观念，也没有阶级压迫和剥削。"这种原始类型的合作生产或集体生产显

---

① 《毛泽东选集》（第一卷），人民出版社1991年版，第283页。

然是单个人的力量太小的结果"①。

随着第一次社会大分工和第二次社会大分工的出现,私有制和家长奴隶制相应产生,父权制取代母权制,父系家庭公社从父系氏族公社中分化出来,取代父系氏族公社而构成社会的经济细胞,并最终由一夫一妻制个体家庭构成社会的基本单位,原始公社天然的血缘关系削弱了,取而代之的是以地缘关系为基础的农村公社,氏族制度的发展已经走到了尽头,人类进入到了农业社会,而发展理念的认识、提炼、成熟的过程也自此开始了。

一、农业社会时期的发展理念

农业社会经历了数千年的漫长岁月,创造了诸多古代文明,但这其中又明显表现出自然经济固有的保守和缓慢。农业生产受自然条件的变幻莫测、手工农具的粗糙简陋等条件限制,这使得发展的主要内容与解决人的基本生存密切相关。而这样的自然经济决定了人对自然和人自身之间的狭隘关系,这种局限性让人们更加崇拜神灵或者当权者的力量,而难以接受人和知识本身的力量。

(一)中国古代的发展理念

我国春秋时期,宗教内的疑天思潮和外部的无神论思潮,从两个方面发生作用,终于导致古代宗教至高无上地位的丧失、意识形态一体化格局的崩溃,思想史领域进入了一个"百家争鸣"的新时代。诸子百家之学从古代宗教的基础上产生。例如,儒便逐渐从卜、史、宗、祝等职业宗教家中分化出来。孔子不强调天的意志性、情感性和神秘性,但突出了"天命"的强制性、决定性色彩,并对天的作用范围加以限制,认为其主宰能力仅限于生死

---

① 《马克思恩格斯全集》(第十九卷),人民出版社1963年版,第434页。

寿夭、富贵贫贱和事业成败的领域，而在修身为政方面，人的自我努力则起着决定性作用。孔子提出了一个伦理与政治相结合的治世方略："为政以德，譬如北辰，居其所而众星拱之"，"道之以政，齐之以刑，民免而无耻。道之以德，齐之以礼，有耻且格。"[1]在孔子看来，统治者如果能够以德治国，天下的民众就会诚心归附。从长远的观点来看，道德比行政和法律的手段更为有力。用法制、禁令来治理民众，用刑罚迫使他们不敢越轨，民众虽然因害怕受到惩处而可以免除犯罪（或释为勉强尽力做到），但并没有羞耻感；如果用道德来指导他们，用礼仪来约束他们，民众就会具有羞耻之心，当然也就不会故意犯罪了。德治能不能真正得以实行，关键还是看最高统治者。"其身正，不令而行；其身不正，虽令不从。"[2]孔子的德治思想是很高明的，但最终还是没有能很好地付诸实践。

周公提出了"以德配天"的思想。君主的德性是获得天命的唯一根据，所以统治者要"明德修身""明德慎罚""敬德保民"。后人对先王的崇敬也是以道德判断为依据的。"皇天无亲，惟德是辅"[3]，即天神对下民一视同仁，只辅助有德之君。这表明，周人在探求三代更替的原因时形成了自己的历史观念。他们在寻找历史的因果关系时，虽然没有完全脱离宗教神学，却把注意力转移到人事方面。他们承认天意主宰人事，却又让人事制约着天意，多少肯定了人的能动作用。"民之所欲，天必从之"，西周的统治者已经认识到"民惟邦本"，"敬德"和"敬天"最后都要落实到"爱民"上。

我国春秋末期，正是社会发生大变革的时期。集权者为了稳固其统治，便采取各种手段和途径来治国安民，然而他们为了自身私利恣意妄为的行径，使政治更加腐败，社会愈加混乱。老子指出，动乱时期人们所看到的所谓"礼"是"义"失落之后出现的，这种"礼"是导致道德沦丧、社会混乱

---

[1]《论语》，中华书局2016年版，第11页。
[2]《论语》，中华书局2016年版，第169页。
[3]《尚书》，中州古籍出版社2010年版，第233页。

的根源，是人的朴素本性的异化和歪曲。他对当权者推崇"巧伪"之"智"所带来的罪恶深恶痛绝，所以大声呼吁"绝智弃辩，民利百倍"。他提出要"无为而民自化"，"以正治国"才能使天下"有道"。老子肯定了人类社会的发展有其内在的规律，治理国家必须符合这种类似自然界的固有法则，才能使社会走上"大道"。既然道的最高特性是"自然""无为"，那么"无为而治"便是人类社会的治道。这里，"自然"并不是指客观存在的自然界，而是指不受外在强制力量主宰而"本来如此""自然而然"的意思。"无为"的"为政"原则即符合这种特性。而"为之者败之"，"有为"之治即妄为，是不能达到天下大治的。"无为"并不是消极的无所作为，而是积极遵道以行，率理以动，因势利导，尽随自然，辅其所生而不扰。在上位者应遵从自然无为之道，奉行清静无为之治，让人民自我化育、自主行动。这是对人民个体人格的充分而大胆的肯定，并暗含有人民为主的思想，与其"圣人无常心，以百姓心为心"的民本思想是一致的。侯王是民众的统治者，若能以道治国，民众将会自化、自正、自富、自朴、自均；反之，侯王若失道，即不以道治国，他的尊高地位恐怕将会被颠覆。无为是手段，有为是目的，无为而治是手段和目的的统一。从一定意义上讲，无为是无私无执且公道，是忘我而为人，是生而不有的崇高德治政治。基于"无为而治"的思想，老子设计出一种在经济上自足、政治上自治的理想社会形态——小国寡民。在这个朴素的理想社会图景中，国家是富裕的，但没有战争，没有等级之分，人们都满足于他们的衣食住行，安居乐业，过着充实自足、自由自在的田园生活。这里世风淳朴，道德淳厚，人与人之间没有尔虞我诈，精神生活恬淡自适。

中国封建体制是世界上发端最早、持续期最长而又最完备、最典型的一种，"其中既有升平之世社会发展进步的丰富经验，也有衰乱之世的深刻教训以及由乱到治的经验智慧；既有当事者对时势的分析陈述，也有后人对前人得失的评论总结"①。它始于春秋时期,公元前594年即鲁宣公十五年,鲁国宣布实行"初税亩",实际上废除"井田制",承认了土地私有权的合法性,这是我国封建土地所有制形成的历史转折点。封建制度的完全确立,则始于秦始皇统一中国的公元前221年。中国特有历史条件下形成的封建体制,一开始就以中央集权制建立起来。经历代不断发展完善,有效地调节了生产力与生产关系、经济基础与上层建筑之间的矛盾,具有完备和灵活的特点,因而较为充分地促进了封建经济的发展,将古代中国推上了世界发展的巅峰。重农抑商政策产生于战国时代,最早由李悝在魏国的改革内容中有所体现,其在魏国"尽地力之教",明确提出农业是财富的唯一来源,形成了具有创见性的重农思想。到了战国中后期,城市经济和商品货币经济更加发展,已开始影响农业的稳定,这时便出现了商鞅的"农战论"、荀子的"重农论"、韩非子的"耕战论"等思想,并且将这些"重农抑商"的思想付诸国家法律制度之中,促进了秦国经济实力的不断增强,为后来秦始皇统一六国奠定了物质基础。

以孟子为代表的儒家,结合当时社会现实,进一步提出"仁政"思想。孟子"民为贵,社稷次之,君为轻"②的民本思想指出,如果为君主者残害人民,那就是一个民贼和独夫,人人得而诛之。他将德治与人性本善联系起来,认为德治不过是君主恻隐之心的扩充。孟子看到了物质生活条件与道德水平的联系,认为如果一个君主能施行"仁政",使百姓都有恒产,并进而教导民众都能成为善人、躬行善事,那这个君主即使不愿意为天下王都办不到。这就叫作"心服"。"以德行仁者王"③,真正的王者,不是以武力迫使人服,而是以王政使人心服。后人称此为"王道",即把道德彻底贯穿到政治之中。这种理想不可谓不高远,然而在战国时代,如果不同时加强战备,面对

---

① 习近平:《领导干部要读点历史》,载《学习时报》,2011年9月5日,第1版。
② 焦循:《孟子正义》,河北人民出版社1988年版,第573页。
③ 焦循:《孟子正义》,河北人民出版社1988年版,第130页。

周边的严峻形势,一个小国连基本的生存都难以办到,又怎能做到"仁者无敌""可使制梃以挞秦楚之坚甲利兵"①呢?所以也不怪有人会说"王道迂阔而莫为"②了。没有实力做后盾的"仁政"在一定时期只能是软弱的。

战国末期,荀子则强调要以外在的"礼"的规范去实现治国之道:"国无礼则不正。礼之所以正国也,譬之犹衡之于轻重"③,"礼者,治辨之极也,强固之本也,威行之道也,功名之总也。王公由之,所以得天下也,不由,所以陨社稷也。故坚甲利兵不足以为胜,高城深池不足以为固,严令繁刑不足以为威,由其道则行,不由其道则废"④。在荀子看来,至上的治国之道也就是礼义。礼义就是治理国家天下的"中",即根本的标准。荀子还论述了礼义道德教化和法律刑罚的关系。在他看来,道德的教化是一种软性、柔性的手段,其费时长而见效慢,但深入人心,易人心性,影响面宽而深远;法律刑罚则是一种硬性、刚性的手段,用时短而见效速。"不教而诛,则刑繁而邪不胜;教而不诛,则奸民不惩"⑤。他还强悍地指出,"元恶不待教而诛"⑥,即首恶必杀。可见,荀子的王者之政是软硬兼施的,这在相当程度上吸收了前期法家的法治思想。他既隆礼又重法,认为"治之经,礼与刑"⑦,但还是以儒为主、以礼为重。其理由是:"有治人,无治法","法者,治之端也;君子者,法之原也"⑧。强调人在立法、执法中的重要性的传统观念,正所谓"为政在人","其人存,则其政举;其人亡,则其政息"⑨。不过,这种思想

---

① 焦循:《孟子正义》,河北人民出版社1988年版,第40页。
② 董诰、阮元、徐松等:《全唐文》(二),上海古籍出版社1990年版,第1439页。
③《荀子》,商务印书馆2016年版,第189页。
④《荀子》,商务印书馆2016年版,第265-266页。
⑤《荀子》,商务印书馆2016年版,第170页。
⑥《荀子》,商务印书馆2016年版,第129页。
⑦《荀子》,商务印书馆2016年版,第441页。
⑧《荀子》,商务印书馆2016年版,第209页。
⑨ 戴圣:《礼记》,中州古籍出版社2010年版,第260页。

成为后来儒家"德主刑辅""明刑弼教"主张的滥觞。

道家集大成者庄子继承老子的社会批判精神，指出在天下无道的时代，人们仅能免遭刑戮。他斥责贪婪者利用仁义，角逐名利，戕害本性，使天下大乱。他同样提倡"无为"而治，强调"无欲而天下足，无为而万物化"[①]；听任自然，返璞归真；顺乎民情，行不言之教；功盖天下，却好像不是由自己取得；教化普及，人民以为自己本性使然。庄子的社会理想是"至德之世"。在这个理想社会里，人和万物混杂和谐而居；人和人关系淳朴，不标榜任用贤能，人们之间诚实无诈，德行自然，却不知道自己是按仁、义、忠、信原则行事；个体自我内心宁静，稳重安详，神情专凝，素朴无欲，本色真性保持不失。道家的社会理想陈义太高，在现实中近似世外桃源而成乌托邦。"无为"的治理方法对于上古"日出而作，日入而息，凿井而饮，耕田而食，尧何等力"[②]的安闲自足社会或许是可能的，但对于社会发展日趋复杂化的后世，统治者要做到完全的"无为"已经是不可能的事。对比起来，儒家礼义之治的方法显得更为现实一些，因而能成为中国长期占主导地位的意识形态。这些思想经过战国时代"百家争鸣"的洗礼后，在社会治理的调节手段、理想社会的构想、社会发展的动力和标准等方面，趋于学派化的理性建构，并作为中国传统社会的元典发展理念，影响了以后整个历史的进程。

我国隋王朝的建立，结束了魏晋南北朝以来的分裂局面，统一的多民族国家重新建立起来。唐继隋后，创造了比隋朝更盛的文治和武功，是一个少有的既善于继承又能够兼收并蓄的朝代。隋唐时期是中国专制集权社会的盛世，也是中华古代文明发展的繁荣阶段。在公元6世纪末到公元8世纪上半叶，隋唐王朝时期，中国是世界上国力最强盛、文化最发达的国家。在生产

---

① 《庄子》，中州古籍出版社2008年版，第152页。
② 王充：《论衡》，吉林人民出版社1999年版，第165页。

力不发达的条件下,天人关系始终是影响传统社会发展的重要因素。将自然拟人化,认为上天决定、干预人间事务,或者与人间互为感应,如柳宗元的天人"不相预"思想,反映了早期社会人的主观力量有限,在自然界面前能动性不足的实际情况。随着社会生产力的进一步发展,人的力量增强,在大自然面前充满自信,能够把握自己的命运,如刘禹锡的天人"交相胜"思想,对天人关系的认识就有了突破性的进展。隋唐作为中华古代文明发展的成熟时期,思想家们在"究天人之际"方面取得了辉煌的成果。

隋唐五代的历史,是统一的中央集权国家重建、发展,又逐渐走向衰落的历史。在这个阶段中,中心问题是如何巩固和维护大一统的形势。各朝代在探索过程中,也积累了许多统治经验。其中,最突出的是唐太宗君臣们的"兼听则明""任贤能""存百姓""抚之以仁义,示之以威信"①等治国安邦思想,"贞观之治"被作为由乱至治的典范而载入史册。对此,吴兢的《贞观政要》做了详细的记录。一个政权在建立之后,通过选任各类各级管理人才使国家机器运转起来,以维护本阶级的利益和社会秩序,进而巩固政权,这种形式为历代执政者所高度重视。科举在唐朝中期形成制度,宋朝以后规范并完善,明清两朝成为选官的主要形式,足足延续了一千三百年之久,强化中国集权专制帝国中后期的意识形态做出巨大的历史贡献。当然,以科举来选任国家管理人才的制度,在专制社会的发展后期束缚了思想文化的发展。不过,在隋唐时期,由于统治者倡导"三教并用"的文化发展理念,儒、佛、道三家思想各有很大的进步。

"乾纲独断"反映了皇权的过度膨胀,制约着社会前进的步伐,所以批判的锋芒直接指向专制皇权,要求限制君权的呼声此伏彼起;同时,倡导在行使君权时要以民为本。在明清时,的确有统治者在一定程度上贯彻这样的民本思想,如明成祖朱棣注意社会经济的恢复与发展,"如得斯民小康,朕之愿

---

① 吴兢:《贞观政要》,中州古籍出版社2008年版,第194页。

也"①。在儒家中,稍逊于儒家心中理想社会"大同"②的一种社会局面称为"小康",这与《诗经》中"民亦劳止,汔可小康"③中表达生活比较安定的"小康"不同,而是和我们现在一直追求的小康社会含义基本相同。在他统治期间,明朝经济繁荣、国力强盛,文治武功都有了很大提升,史称永乐盛世。

北宋时期形成的哲学思想——理学,自南宋末期被采纳为官方正统思想起,就在思想专制的夹缝中扭曲变形,尤其是明中叶以后,日益成为广大知识分子自我束缚的一条绳索,而与治国安民相去甚远。清初,统治者又把理学作为笼络士人的工具加以提倡,同时借助理学来维护其专制统治。明末清初的进步思想家痛恨理学的空谈误国,遂对理学展开猛烈抨击,并倡导功利主义。顾炎武认为理学的流行比魏晋时清谈的流祸更为严重,他针对理学崇尚空谈的风气,提出自己"凡文之不关乎六经之指、当世之务者,一切不为"的为学宗旨;黄宗羲认为理学家醉心于空谈又反对一切务实的活动,还批判了理学家把"事功"与"仁义"分途的做法让人怀疑儒学都不是一种治国安民的政治学说;王夫之在对历史规律进行研究的基础上,对理学之"虚"进行批判,提出了"势"的理论,认为社会发展趋势不以人的意志为转移,主张"更新而趋时"④,要求不断改革、不断创新,同时重视法制建设,强调"创法立制"来挽救时弊,在经济上主张将政府对工匠的劳役制改为"招募和雇",提出"止暴而安商",并认为"人欲之各得,即天理之大

---

① 《明太宗实录》(卷二十下至五十二),台湾"中央研究院"历史语言研究所1962年编,第427页。
② 大同概念出自《礼记·礼运》大同章,通常简称"礼运大同篇"。"大道之行也,天下为公,选贤与能,讲信修睦,故人不独亲其亲,不独子其子,使老有所终,壮有所用,幼有所长,鳏寡孤独废疾者皆有所养;男有分,女有归,货恶其弃于地也不必藏于己,力恶其不出于身也不必为己,是故谋闭而不兴,盗窃乱贼而不作,故外户而不闭,是谓大同。"大同是中国古代思想,指人类最终可达到的理想世界,代表着人类对未来社会的美好憧憬。基本特征即为人人友爱互助,家家安居乐业,没有差异,没有战争。这种状态称为"世界大同",此种世界又称"大同世界"。现代又加入了全球范围内政治、经济、科技、文化融合的思想。
③ 《诗经》,中信出版社2016年版,第427页。
④ 王夫之:《船山思问录》,上海古籍出版社2000年版,第45页。

同"①，人民群众有权利争取更好的生活与生存条件，而不必屈从于专制统治者的压迫和剥削；颜元从人性论、认识论等方面对理学做了深刻批判，揭露了理学和佛老的因缘关系，以实用知识教育学生，主张改良政治、平均土地、恢复乡举里选，并在解决土地问题上提出"天地间田宜天地间人共享之"②的观点；唐甄认为心性和功利是紧密联系的，他从功利主义的思想出发，强调"民惟邦本"，要求君主要爱民、富民，提出"十八善政"的建议。这些思想家的目的仍是维护专制统治秩序，所恢复的古代制度也大都来源于儒家经典。

清自嘉庆、道光以后，政治日益腐败，为统治阶级服务的各种陈规陋习，如弊端丛生的科举制度、论资排辈的用人制度、过分集中的土地制度、尊君卑民的政治制度、重农抑商的经济制度等，阻碍着社会的前进。不改变以至于不废除这些制度，社会就不能前进。龚自珍指出，泥古不化，必然阻碍社会进步，必然导致国家衰败。魏源系统地论证了变法改革的重要性。康有为强烈要求变法革新，梁启超写《变法通议》论述了变革的必要性，严复译著《天演论》强调进化是一种不可抗拒的规律，不前进就要灭亡。孙中山领导的革命要在中国"建立民国"，实行民主共和制度。近代国门被打开后，为了赶上先进国家，达到富国强兵的目的，中国的先进知识分子提出了要向西方学习物质文化、制度文化和精神文化，"中学为体，西学为用"③，鲁迅先生对这个口号做了这样的评述："'西哲'的本领虽然要学，'子曰诗云'也要昌明；换几句话，便是学了外国本领，保存中国旧习，本领要新，思想要旧。"④这样的分析真可谓一语中的。

宋代以后虽有人倡导"工商皆本"，但其声音极为微弱，未对社会产生什

---

① 王夫之：《船山全书》（第六册），岳麓书社1991年版，第639页。
② 颜元：《习斋四存编》，上海古籍出版社2000年版，第142页。
③ 赵德馨：《张之洞全集》（第十二册），武汉出版社2008年版，第480页。
④ 《鲁迅全集》（第一卷），人民文学出版社1981年版，第336页。

么影响。清代前期的两百余年统治中，实行的依然是重本抑末政策，甚至称工业品为"奇技淫巧"而予以禁绝。鸦片战争中，英国用炮舰攻开了中国的大门，物美价廉的洋货源源不绝地流向了中国。英国的炮舰给了中国人很大的震动，西方的新颖商品引起不少人的艳羡。先进的中国人进行了历史的反思，并用实际行动开始引进西方先进技术，从理论上初步论证了发展资本主义工商业的必要性，突破了传统的重农抑商观念。

在清王朝残酷的政治高压统治下，明清之际出现的反君主专制、向往平等自由的政治思潮被扼杀了。随着社会矛盾加剧和西学东渐，这种政治思潮又逐渐抬起头来，并进一步提出了反专制的君民共主蓝图与反集权的民权、民主理想，建构起"太平天国"与大同世界的美妙构想。清代后期，西方殖民主义者侵入中国，中华民族陷入了严重的危机，这种情况刺激了中国人民的爱国主义情绪；而对在国内饱受民族压迫的汉民族来说，还产生了反国内民族压迫的民族主义情绪。民族主义和爱国主义旗帜是近代中国在自强救亡中的精神支柱。

（二）西方发展理念溯源

城邦理论是古希腊人的社会发展理念。在柏拉图生活的时代，古希腊城邦所实行的几种发展模式及其政治体制存在的缺陷已经明显地暴露出来了。柏拉图企图构思出一种新型的强调社会协调统一的社会政治生活，这集中反映在他的名著《理想国》中。然而，他进行政治事件的三次叙拉古之行，均以失败告终，这使他认识到自己所设计的"理想国"只不过是一种空想而已。在其晚年所写的《法律篇》等著作中，他提出所有公民都可参与国家管理，允许私有财产和个体家庭存在，并强调法治的重要性，以图改善理想国的政治社会设计。从社会发展的角度来看，他的理想国是一种忽视了人类个体自由的、无法实行的乌托邦式整体社会发展理念。

亚里士多德对社会发展的看法基本上是抛弃了理想主义的范式而走入经

验主义。他认为中产阶级是社会稳定和发展的基石，在他所倡导和设计的社会中，等级松散，中产阶级主政，实行法治，保留家庭和实行私有制，在政治生活中贯穿温和的民主风尚。他认为，社会管理应该具有社会自发机制所应有的包容性和多样性，应该从城邦现有的实际状况出发，选择和构想"可能"实行的社会制度，而不能盲目追求"至善"的理想制度。他曾说，优秀的立法家和真实的政治家不应一心向往绝对至善的政体，还须注意到本邦现实条件而寻求同它相适应的最好政体。①可见，亚里士多德的思想更多地体现了一种温和的民主式经验式的社会发展理念。此外，他还提出了具体的社会分配政策，如减少公共开支，避免在进行慈善事业时直接将财富无偿分发给平民，要使平民具有到城镇去发财致富的机会，抽签决定职位机会，以便让平民参加。

凯尤斯·屋大维是古罗马的第一位皇帝，公元前27年，他被元老院授予具有神圣意味的"奥古斯都"称号，因此获得了至高无上的权威。屋大维是一位现实主义的政治家，他根据古罗马从城邦发展成庞大帝国的需要，认为改革是适应形势变化、促进古罗马发展的最好办法，并由此形成了一系列顺乎形势的内外政策思想，他提出尊重传统、争取人心的治乱思想以及旨在巩固统治和发展经济的城市化思想，指导古罗马走进了政治稳定、经济发展、文化繁荣的鼎盛时期。

卢克莱修是古罗马伟大的唯物主义思想家，著有长诗《物性论》。卢克莱修从无物能由无中生，无物能归于无的唯物主义观点出发。他坚决反对"神创世界"说，认为人类社会的发展是自然进化的过程，自然是自己工作着，不受神灵控制的；人类文明发端于模仿自然，人们从自然中学会了农业技艺；社会和国家起源于人们满足基本需求的愿望以及对安定生活的向往；人的幸福在于摆脱对神的死亡和恐惧，得到精神的安宁和心情的恬静，从而坦

---

① [古希腊] 亚里士多德：《政治学》，吴寿彭译，商务印书馆2008年版，第179页。

然地去享受生活。这些对发展问题的朴素看法，初步揭示了人、社会和国家的本性和规律。从总体上来讲，卢克莱修的思想也可以被称作自然进化发展理念。

从公元476年西罗马帝国灭亡到1640年英国资产阶级革命爆发的西方中世纪的经济主要是封建制的庄园式自然经济，封建割据带来频繁的战争，造成科技和生产力发展停滞，人民生活在毫无希望的痛苦中，因而被称作西方文明史上发展比较缓慢的"黑暗时代"。由于奴隶、隶农的起义，加上日耳曼人的入侵，西罗马帝国终于在476年灭亡，取而代之的是新建立的日耳曼王国。日耳曼王国的建立，标志着欧洲封建社会或中世纪的开始。随着奴隶制度的崩溃和封建社会的建立，基督教便成为欧洲封建社会的宗教。教会组织和国家世俗政权，同为中世纪统治阶级统治人民的工具。基督教有自己的一整套发展理念，它反对奴隶制度，其教义中有不少关于反对奴隶制度的阐述，如圣保罗告诉腓利门，对待曾经是腓利门奴隶的阿尼西母，不要再像奴隶，而要像兄弟一般对待他；并认为教会和封建政权都是天命所寄，是至尊至高的上帝在人世的代理机构。这些都对欧洲中世纪封建主阶级统治地位的建立和巩固起了重要作用；同时，又由于中世纪宗教神学具有反科学、反人性、反自由、反世俗生活的性质，因而也具有阻碍社会发展的一面。

基督教视劳动和工作为尊贵，他们把耶稣、圣保罗视为劳动的典范，同时通过谴责懒惰来表达对工作的尊重。然而，中世纪的基督教会是欧洲封建社会的实际统治者，教会拥有大量的领地，他们口头上宣传禁欲和不贪婪，宣扬劳动尊贵和需要工作，实际上他们中的大多数人并不参加生产劳动，其领地的耕种和其他生产劳动主要依靠封建农奴。基督教会还通过"什一税"等对农奴进行残酷盘剥，拼命榨取农民的剩余劳动，过着骄奢淫逸的生活。与此同时，基督教会还公然宣扬蔑视人性的观点，其反人性、反人道的观点，实际上就是要求人们禁绝世俗的一切欢乐，过着贱贫困苦的生活，充当教会和封建贵族的顺驯奴仆。

基督教神学赋予私人以财产权和经济自由的尊严,并给予一定重视,但由于中世纪真正拥有私人财产的只是少数封建领主和教会贵族,广大农奴只有极少数财产甚至几乎没有任何财产,他们没有足够的维持自身生存的土地等生产资料,不得不依附于封建领主和教会贵族。因此,基督教神学对私人财产的尊重,实际上是对封建统治阶级财产的尊重,是为了更好地维护和保护封建统治阶级的利益。基督教会鼓励和支持发动征服"异教"的战争,以此来扩展封建主利益,其重要例证就是十字军东侵。教皇把侵略东方看成是扩大教会势力和增加财富的绝好时机,不但企图利用这个机会控制拜占庭的东正教,还梦想迫使东方穆斯林改宗。他们也希望转移农民运动的方向,把久经内战苦难、连年遭受饥荒的农民的不满引向远征东方的道路上去。十字军东侵给西亚等地人民带来了灾难,严重阻碍了这一地区社会经济的发展,但对西欧封建社会的发展起到了促进作用,使停滞的西方与当时繁荣的东方产生了沟通,使新的思想同新的手工业产品和手工业一起渗入欧洲。

经院哲学是中世纪在基督教"教父学"的基础上形成和发展起来的哲学形态,是在欧洲教会的学院里讲授为基督教神学服务的基督教哲学,其代表性人物是托马斯·阿奎那。其著作《神学大全》被认为是中世纪经院哲学的百科全书。以阿奎那为代表的欧洲中世纪经院哲学基于"自然法",提出人应拥有平等和自由权利的公平发展思想。阿奎那认为,"自然法"是超出人为法之上的由神性支配的不变规律,人类的行为和社会都要服从它。他强调私有制的必要性,认为私有制不是自然所规定的,而是人的理性为人的生活而采用的办法,是出自上帝的意志。阿奎那提出,人生的最高目的不在于身体的快乐,而在于认识真善美的幸福观,并进一步认为国家对个人获得幸福和促进社会发展是必不可少的,但国家的产生和存在体现是上帝的旨意。他认为,神授君权并由君主对人民实行统治,是上帝给人民的恩惠,是保障人民幸福的必然要求,地位较高的人必须依靠上帝所规定的权能来向地位较低的人贯彻自己的主张,低级的人必须按照自然法和神法所建立的秩序,服从地位比他们高的人。显然，这些观点，明显具有为封建等级制度和教皇至高无上的权力进行辩护的性质。

到了13、14世纪，教权在与王权的斗争中迅速地走向下坡路，宗教神学成了严重阻碍欧洲社会经济发展的落后意识形态。在与基督教神学的斗争中，以反对僧侣的剥削和压迫、同情劳动人民疾苦为特点的城市市民"异端"思想，以及主张取消私有制和一切等级差别、实行公有制的农民平民"异端"思想开始出现。在中世纪，"异端""异教"是正统教会加给反对派的贬称和罪名，它们随着农民运动发展得到广泛传播，它抨击了封建制度和教会说教，促使封建社会和经院哲学日益衰落。

二、西方工业社会以来的发展理念

工业经济是资本主义在新的技术形态和产业结构下开创的新的经济时代，工业社会也就是资产阶级"按照自己的面貌为自己创造出一个世界"[1]。这时候的人们开始从对植物能源的依赖，逐渐转移到对可开采矿物能源的依赖。蒸汽机等动力机使人们摆脱了生理的限制，让产品的规模化成为可能。现代工业生产力的发展，使科学与财富之间紧密相连。在这样资本统治的时代，生产力和财富的普遍发展趋势及可能性成为了社会生产的基础。

（一）西方近代的发展理念

英国是资本主义民主革命的发源地。近代英国的政治发展理念从大宪章运动开始，促成了公民反对封建王权与贵族特权的自由民主思想的传播和发展。英国大宪章运动和光荣革命，开创了崇尚公民自由与社会民主发展的历史新纪元，开创了以非暴力的和妥协的方式解决政治、经济争端，谋求矛盾

---

[1] 《马克思恩格斯全集》（第三十卷），人民出版社1995年版，第389页。

各方和谐共赢的新的政治发展理念。从此开始,资产阶级政治思想得到较大程度发展,并逐步确立了以自由、民主和代议制为主要内容的政治发展理论。其中,托马斯·霍布斯的利维坦国家理论主张通过理性的指导订立社会契约,建立利维坦国家和君主政体;约翰·洛克的天赋人权和公民自由理论、有限政府理论、民主政府思想为后来英国的代议制民主的理论支持和经验基础;约翰·密尔创建的代议制民主新模式,超越了洛克立宪君主制,成为近代以来最普遍的政治发展理念和发展模式,使19世纪的欧洲和世界开始进入"议会主权"和"议会民主"的时代。

在美国开国者的公开陈述和《独立宣言》《合众国宪法》等法规文献中,《独立宣言》提出了"人人生而平等""主权在民"的权利保障思想,明确地表达了对人的自然权利的重视和对自由的渴望,是美国人将信条变为行动的宣言。《合众国宪法》提出了"有限政府""三权分立"的权力制衡思想,防止政府部门草率行动或大权独揽而导致可能危害个人和少数人的自由和权利的情况发生,建构了处理集权与自治、中央与地方关系的国家结构模式。

近代德国思想家们认为,社会发展问题归根结底是精神的问题。德国著名的空想社会主义思想家闵采尔从认识统治者的恶劣欲望出发,提出了用暴力革命来实现完美社会的思想;黑格尔认为"绝对精神"是万物最初的原因和内在的本质,是自然界和人类未出现时就已经存在着的实在,人类社会的发展也只是其表现,他还认为最高最完善的国家形式是君主立宪制,因为它使伦理精神得到了充分的发展,同时人的恶欲是社会发展的动力;康德认为历史的进步不仅是人性中善的方面驱动的结果,而且是大自然以人性中的恶作为工具来加以实现的。德国近代的文学家歌德和席勒在自己的作品中,对人性的解放与完善、人与自然的和谐等思想进行了表达。近代德国的政治家和社会学家还认识到人性教育对于社会发展的巨大作用,如李斯特认为要迅速发展工业,就必须重视职业教育,大力兴办学校,这些思想使教育发展成为近代德国发展的一个亮点,为德国社会的各个领域都培养了许多杰出人

第二章 人类的发展理念演进

才，极大地促进了近代德国社会的发展。

近代英国的经济增长思想开始于重商主义。早期重商主义推崇通过商业贸易，尤其是对外贸易来增加一个国家的财富，而晚期重商主义特别重视工业生产、殖民地拓殖和发展外部市场。1688年，"光荣革命"和政治改革完成后，英国资本主义进入上升发展时期。资本主义国内外市场的迅速发展，客观上要求进一步打破国王、贵族及大地主的政治控制，取消束缚资本主义发展的国家干涉以及重商主义意识形态，实行彻底的自由贸易和市场竞争原则。重商主义强调财富的增长来自流通领域，而古典经济学则从流通领域进入生产领域，以其所创立的劳动价值理论，提出了社会财富的增长取决于生产性劳动这一革命性的结论。亚当·斯密提出"劳动是衡量一切商品交换价值的真实尺度"[①]的基本论点，批判了重商主义者所持的只有对外贸易才是财富源泉的错误观点和重农主义只有农业才创造财富的偏见，在经济学说史上明确提出任何生产部门的生产劳动都是国民财富的源泉，提出并形成了"经济人"假说和"看不见的手"思想；大卫·李嘉图继承和发展了斯密经济理论中的精华，建立起以劳动价值论为基础、以分配为中心的理论体系，坚持商品的价值由生产中耗费的劳动决定的原理，批评了斯密价值论中的二元观点，并为了进一步论证自由贸易的优越性，发展了斯密的国际分工学说，提出了比较优势贸易理论。

法国经济学家和社会学家特别强调公平竞争、和谐共存以及国家适度干预等对经济发展的重要性。以魁奈为代表的重农主义学派提出了财富的增长来源于农业部门的生产活动，对社会再生产过程第一次做出科学性分析，批评任何形式的垄断，并提出经济发展是螺旋式上升的理论；弗里德里克·巴斯夏综合重农学派的自然主义和古典政治经济学的自由主义思想，试图建立一种自由竞争又彼此协调的总体经济体系，提出"和谐经济论"，强调缓和劳

---

① [英]亚当·斯密：《国民财富的性质和原因的研究》（上卷），商务印书馆1974年版，第26页。

资矛盾，倡导社会和谐发展；让·西蒙·西斯蒙第对财富增长的目的进行反思，反对李嘉图的为生产而生产、为增长而增长的观点，认为经济增长是手段，社会每个成员的物质福利的改进才是目的，强调生产与消费、资本与收入平衡增长的重要性；奥古斯特·孔德根据他对社会的观察，认为社会意识的发展是人类社会历史发展的基础，人类社会的发展史就是一部思想认识的发展史，提出了坚持实现社会内部和谐状态的社会秩序理论。

（二）西方现代的发展理念

20世纪上半叶，经过第二次工业革命的洗礼，资本主义经济较以前有了突飞猛进的发展，资本主义完成了从自由竞争到垄断的过渡。面对机器大工业迅猛发展所带来的日益丰富的物质产品，人们似乎充满惊喜和期待，却完全想不到深刻的经济、政治和战争危机会随之而来。经过20世纪30年代的经济大危机和两次世界大战的严重破坏，数千万的人流离失所、无家可归，被夺去生命的更是不计其数。战后的经济萧条和各种社会问题又加深了人们心理上的阴影，形成了普遍的生存危机感。人们疑惑：为什么在科学技术进步、理性之光普照世界大地的时候，人类没有进入真正的人性完善状态，反而深深地陷入了野蛮状态？为什么作为主体的人沦为科学和理性的工具，丧失了目的价值，变成异化了的人？"科学的野蛮"和"理性的暴政"使人们认识到，仅靠科学和理性不足以给人类带来幸福，相反却有可能使人类迷失本性，引来灾难，新世纪的人们需要重新思考生存的目的和意义，并试图通过反思传统发展理念来寻找产生危机的根源和解决危机的出路，从而把握新的发展理念。20世纪上半叶，在思想社会领域、国内经济、政治领域和国际关系领域，思想家们都展开了全面的反思。这些反思主要包括对科学理性的反思、对自由放任主义的反思、对战争的反思等几个方面。因此，20世纪上半叶可以被称为西方发展理念的涅槃期。经过这一时期，着实诞生了一些新的发展理念，并对人类社会的发展产生了深刻的影响。

自由主义知识分子的理念，在资本主义巨大危机面前显得那样软弱无力。国家对经济生活和社会生活的有力干预、对自由放任主义的收敛，是应对危机的第一选择。自由放任主义，包括经济上的自由放任和政治上的自由放任。18世纪至20世纪30年代，经济上的自由放任主义一直是西方各国所普遍信奉的经济思想。这种思想认为资本主义经济运行会自动趋向均衡，不需要人为的控制和调节，政府被看作市场经济的"守夜人"。20世纪上半叶的经济大危机暴露出在自由放任原则下，资本主义经济发展中的一个突出矛盾，即单个企业生产的有组织性同整个社会生产的无政府状态之间的矛盾。资本家出于对利润的追逐，只注重发展生产，造成社会再生产过程中比例关系的失调，特别是生产与需要之间比例关系的失调。这种严重的比例失调成为引发资本主义经济危机的重要原因之一。在政治领域，传统自由主义也遇到了一系列新的问题，其中最主要的是两个问题：一是工人阶级的成长和工人运动的兴起，二是国家在伴随产业革命所出现的社会危机中究竟有何作为。资本的垄断趋势加剧、经济危机频繁、贫富分化严重、社会不公平等现象有增无减，使人们逐渐认识到绝对自由往往会摧毁自由本身的社会基础，如果还是一味放任，听由市场这只"看不见的手"来调节，社会就会滑向失控的境地：不仅工人阶级没有什么经济自由，甚至连中小资产阶级也会失去其自由权利的经济基础。因此，为了保障自由存在的社会基础，政府必须限制某些自由。在遭遇了经济危机和政治危机之后的反思基础上，20世纪上半叶，西方在经济和政治发展思想方面做了很大调整。

第二次世界大战后，西方国家重新划分势力范围，形成了美苏两大阵营相互对峙的局面，世界进入"冷战"状态。科学技术的蓬勃发展，有力地推动了经济的高速增长，西方国家步入发展的"黄金时代"。随着西方工业化的基本完成，西方的社会结构发生了根本性变化。此外，一些民族国家相继获得独立，为改变落后的经济社会面貌，也纷纷开始了现代化进程，走上了发展之路。这一时期，发展问题具有前所未有的重要性和紧迫性，发展理论因之繁荣起来。发展理论经历了从"现代化理论"到"依附理论"的嬗变,其主导的发展理念是经济增长观。起初,一些西方学者试图从理论上对社会结构的变化进行解释和描述,最终促成了现代化理论的产生。1951年6月,美国经济学家西蒙·库兹涅茨创办的学术刊物《文化变迁》在芝加哥大学举办学术会议,讨论美国国家政策、世界经济发展不平衡和贫困等问题。在这次会议上,一些学者认为,用"现代化"一词来表述农业社会向工业社会的转变比较适合。从此,"现代化"这一术语开始被西方学者广泛使用。

从20世纪50年代开始,许多发展中国家接受和实践了现代化理论的发展理念与发展模式,尽管在经济增长方面取得了一些成就,但经济增长本身并未带来社会的进步和国民的福利,收入不均、贫富悬殊、阶级分化的现象愈演愈烈,进而导致政局不稳甚至动乱。尤其是一些拉美国家,在20世纪50年代短暂的经济复苏以后,经济很快陷入停滞状态,并且出现通货膨胀、货币贬值、贸易滑坡等严重问题,随之而来的是政府不断更替,社会动荡不安。一些学者对此十分失望,并很快从现代化理论的幻想中醒悟过来,开始寻找替代性的理论资源,并进行新的实践探索。于是,以美国学者弗兰克为首的依附理论学派应运而生。纵观现代化理论和依附理论,其主导的发展理念是经济增长观。这种发展理念把发展、进步视同经济增长,把经济增长当作社会发展首要的甚至唯一的目标。

西方马克思主义的社会发展理论是对当代资本主义社会发展的反思。西方马克思主义自产生起就强调要认识现时代,解决时代提出的迫切问题。因而,时代的发展及主要社会事件,是西方马克思主义对当代资本主义研究的现实基础。20世纪40年代中后期至60年代末期,随着新科技革命的展开以及随之而来的资本主义社会经济的迅速发展,西方马克思主义对当代资本主义的研究重点转入对当代资本主义或晚期资本主义的全面分析和批判,特别是集中在对该社会的科学技术和文化的分析、批判上,从而形成了较系统的当代资本主义理论。

第二章
人类的发展理念演进

第二次世界大战前后尤其是20世纪50年代以后,西方资本主义社会经历了一场以电子技术为基础的新科技革命。新科技革命对各主要资本主义国家的政治、经济和文化产生了重大影响。一方面,它极大地提高了生产力,促进了资本主义经济的高速发展,改善了劳动条件,提高了人们的生活水平;它提高了资本的有机构成,使股份公司这一资本所有制形式成为资本主义所有制的一个基本形式;它使资本主义国有企业的比重加大,加快了国家干预经济生活的步伐;它使当代资本主义国家中的阶级结构和阶级关系出现新情况和新特点,尤其是中间阶层的壮大及作用日益突出。但另一方面,新科技革命也带来了一系列消极的现象,使科学技术在垄断资本主义国家中日益变成统治和奴役的工具,加剧了资本主义社会的矛盾和异化,使人更感压抑和沮丧;科学技术的资本主义使用方式还产生了全球性的生态危机和其他社会问题。在这种背景下,"西方马克思主义"对当代资本主义社会进行了全面的、系统的分析和批判,并把焦点对准当代资本主义社会的科学技术和文化。"西方马克思主义"认为,科学技术成为第一生产力,成为独立的剩余价值来源;科学技术改变了资本主义的所有制关系,创造了一个使社会主义和资本主义这两种制度逐渐趋同或融合的工业社会;科学技术取代以往的政治权力而成为一种新的控制形式;科学技术是当代社会全面异化的根源。西方马克思主义者对当代资本主义的批判和分析有其独到之处,击中了当代资本主义的时弊,但他们还不能正确认识当代资本主义的本质,即资本主义私有制的经济关系和生产方式。因而,他们也找不到消除它们的正确途径。

经济增长与社会发展一直是人们关注的热点问题,传统的增长理论通常把有形资源和物质资本的增加看成经济增长的源泉。尽管传统的增长理论也注意到技术进步在经济增长中的重要作用,但技术进步因素主要被看成是经济增长的外生变量。20世纪七八十年代特别是80年代中期以来,人们关于经济增长源泉的认识,开始由单边强调有形资源和物质资本转向重视无形资源和人力资本,认为经济增长主要源于知识和技术进步的内生化。不仅如此,现代经济增长与发展理论还把制度看成是经济增长与发展的内生性因素，对制度与经济增长相关性的认识，从传统的制度给定不变的供求均衡分析，转向将制度因素内生化的制度均衡分析，强调制度安排和制度变迁对于促进经济增长和社会发展的重要作用。这种转变集中体现在新制度经济学的有关理论之中。20世纪70年代以来的新增长理论及将制度内生化的发展理念在西方影响至深，是西方国家政府制定社会发展政策的重要理论依据。

半个多世纪以来，西方现代经济增长理论经历了三次大的演变与发展。20世纪40年代末，以哈罗德—多马模型为代表的资本积累论，奠定了现代经济增长模型的基本思路，其理论的中心点是：资本的不断形成是经济持续增长的决定性因素。但是，哈罗德—多马模型只是分析物质资本和一般意义上的劳动等传统生产要素投入对经济增长的影响，未能说明长期以来技术进步因素对各国经济增长所起的重要作用。20世纪60年代中期，以索罗、斯旺、丹尼森等人为代表的新古典增长理论，认识到技术进步对经济增长的重要性，由此构建了一个外生技术变化引致经济增长的理论框架。但是，新古典增长理论把技术进步因素看成是经济增长模型的外生变量，认为在外生的技术因素没有发生变化的条件下，人均产出将收敛于一个人均水平不变的稳定状态。自工业革命以来三百多年的经济发展历程却显示，世界产出增长已超过人口增长。面对这种理论和现实的矛盾，新古典增长理论无法做出令人信服的解释，因而陷入近二十年沉默不语的理论困境之中。20世纪80年代中期，以罗默、卢卡斯等人为代表的一批经济学家，在对新古典增长理论进行重新思考的基础上，发表了一组以"内生技术变化"为核心的论文，掀起了研究"新增长理论"的热潮。新增长理论引入收益递增假定，提出知识外溢、人力资本投入、开发与研究等知识活动是经济增长内在的和根本的源泉，从而确立了一幅崭新的长期增长图景。这一理论不但在经济理论上取得了重大的突破，而且为20世纪90年代以来悄然兴起的知识经济浪潮提供了经济学的解释，也为各国经济发展，尤其是发展中国家的经济发展，提出了许多富有启发意义的政策建议。

20世纪70年代兴起的新制度经济学是现代经济学较新的发展，代表人物有科斯、诺思、威廉姆森、阿尔钦、德姆塞茨等人。新制度经济学以现实的人的行为假定为基础，以制度为研究对象，在新古典经济学分析框架中引入交易成本和产权这两个重要范畴，建立了将制度、制度安排、制度变迁内生化的一系列经济增长模型。从发展理念角度看，新制度经济学的重要贡献是提出了制度是经济增长和社会发展的决定性因素。

第二次世界大战后，世界上许多国家都忙于战后的重建、恢复和发展，经济增长和发展因而成了受普遍关注的问题。但在发展问题研究的初期，人们对发展的认识仅局限于经济发展，又将经济发展等同于经济增长，最终把发展单纯归结为国民生产总值（GNP）的增长。在这种以物质财富积累为核心的发展理念指导下，不少发达国家和发展中国家虽然提高了经济增长率，加快了工业化进程，但也为此付出了沉重的代价，如环境污染日益严重、生态平衡遭到破坏、不可再生资源迅速消耗、人口急速增加等等。20世纪70年代，发生了两次世界性能源危机，使经济增长与资源短缺之间的矛盾凸显。针对这些问题，西方学者从各自不同的角度，对增长、发展、环境、资源与人口等因素进行理论上的反思和探索，在对增长极限论的批评与反思基础上提出了一种新的发展理念，这就是立足于生态平衡和资源节约的循环经济发展理念。在此基础上，80年代以后，又进一步提出了人类与自然界和谐相处的可持续发展理念。其实，可持续发展是一种多要素、综合的发展，涉及经济、政治、教育、科技等诸多领域，西方学者在20世纪初就开始摸索着从人口、资源、环境、技术、制度等角度探讨可持续发展的实现路径问题，如法国人口学家索维提出的适度人口理论，美国经济学家旺特拉普提出的自然保护的最低安全标准，英国经济学家庇谷提出的"庇古税方案"，等等。而后人对前人观点的继承和不断探索，使得可持续发展理念能够保持旺盛的生命力。

20世纪60年代以后，传统发展理论及其实践模式逐步受到来自经济发展自身的严峻挑战。人们发现，这种发展理念虽然促进了经济增长，却带来了"有增长无发展"的许多社会问题，这些问题的产生使得经济增长与社会文明的协调发展问题愈益引起人们的关注。西方社会在注重经济发展和经济增长的同时，开始形成一种将社会发展和人类发展纳入现代发展视野的新发展理念，即以人为本的发展理念。这一新发展理念的思想内涵主要体现在两个方面：第一，经济增长应与社会文明相互协调、同步发展，即发展是经济社会各方面综合协调的社会整体发展；第二，发展应以人的价值、人的需要和人的潜力的发挥为中心，即发展是人本身的自由全面的发展。以人为本发展理念的核心理念是：由单纯关注经济增长，转变为在经济增长基础上更加关注整个社会的发展和人类的发展。如印度籍学者阿马蒂亚·森在1999年9月出版了《以自由看待发展》一书。该书的主题如他本人在序言中所说，是对发展问题提出一个以"自由"来概括的新视角。从自由的视角看待发展，他全面阐述了"自由不仅是发展的首要目的，也是发展的主要手段"[①]的发展理念。

联合国开发计划署（UNDP）从1990年开始，在由世界各地专家和研究人员每年撰写和发布的《人类发展报告》中，进一步提出和拓展了人类整体发展的思想。人类整体发展理念着眼于人类自身的发展，强调一切以人为中心，旨在扩大每个个体的选择权和自主权，通过人的发展来协调和沟通发展的诸要素，最终使人自身获得更高层次、更全面的发展。《人类发展报告》遵循公平、人权和义务、民主、保护少数群体、和平解决冲突的办法以及公平谈判等伦理原则，每年选择一个主题，提出全球最新的发展问题并给出分析数据、症结诊断和政策咨询。以往历年报告中的相关主题有：人类发展的概念与衡量（1990年）、人类发展的财政支持（1991年）、全球范围的人类发展

---

① [印] 阿马蒂亚·森：《以自由看待发展》，任赜、于真译，中国人民大学出版社2013年版，第7页。

(1992年)、民众与参与(1993年)、人类安全的新领域(1994年)、男女平等的革命(1995年)、经济增长和人类发展(1996年)、人类发展与消除贫困(1997年)、消费对人类发展的影响(1998年)、富于人性的全球化(1999年)、人权与人类发展(2000年)、让新技术为人类发展服务(2001年)、在碎裂的世界中深化民主(2002年)、消除人类贫困的全球公约(2003年)、当今多样化世界中的文化自由(2004年)、国际合作的创新(2005年),等等。近年来,《人类发展报告》一直坚决主张:人类发展问题既是一个经济问题,也是一个从保护人权到深化民主的涉及面很广的政治问题,这一主张通过这几年的报告主题"促进人类持续进步:降低脆弱性,增强抗逆力(2014)""从实践活动与工作透视人类发展(2015)""人类发展为人人(2016)"也可以看得出来。

/ 第三章 /

中国共产党发展理念的历史演进

中国理念 CHINA IDEA

为人民谋幸福，为民族谋复兴是中国共产党的初心和使命，实现这一目标必须制定正确的发展战略，正确的发展战略是指导实践成功的关键，回顾历史，我们从总路线到战略目标，从战略对策到新发展理念，我们可以清楚地看到，什么时候能够顺利地发展。中华人民共和国成立以来特别是改革开放四十年的伟大成就进一步说明了这一点。

发展是一个不断变化的进程，发展环境不会一成不变，发展条件不会一成不变，发展理念自然也不会一成不变。中国今天的发展，是中国共产党几代领导集体的智慧结晶，今天的新发展理念也是在不断摸索和实践中凝练升华。在成立之初，中国共产党便对发展的问题进行探索，提出了推动发展的路线、方针、政策。

一、革命时期的发展理念

在革命年代，一切的发展和建设都受到国内国外实际条件的制约和影响，一切的生产和建设，都围绕保障供给，解决生存最基本需要，广泛调动一切可以调动的力量这一主题展开。

（一）土地革命时期的主要社会矛盾

任何社会历史阶段都存在主要矛盾并且贯穿于一定社会阶段发展的始终，这决定了该阶段社会发展的方向和任务。革命时期的发展理念是由当时的社会性质和主要矛盾决定的。近代中国半殖民地半封建的社会性质决定了这一时期的主要矛盾是"帝国主义和中华民族的矛盾，封建主义和人民大众的矛盾"[①]，决定了在当时社会的根本任务是结束国内各民族之间的松散动荡，使各民族自觉地凝聚起来，形成一个具有同一目标的命运共同体，并在

---

① 《毛泽东选集》（第二卷），人民出版社1991年版，第631页。

此基础之上推翻封建社会的压迫和帝国主义的侵略,实现民族独立、国家统一,"建立一个人民民主的共和国"①。

在土地革命战争时期,解决中国社会发展问题的关键在于农民。1926年5月,中国共产党领导召开的广东省第二次农民代表大会专门做出的《农民运动在国民革命中之地位决议案》中指出,"半殖民地的中国国民革命便是一个农民革命"②,"农民问题是国民革命中的一个中心问题,国民革命能否进展和成功,必以农民运动能否进展和成功为转移"③,而农民问题的核心在于土地。对土地问题的一系列决策,从根本上解决的是根据地发展的内在动力,同时也为根据地的建设和保障战时供给提供了解决对策。在"人口不满两千,产谷不满万担"④的井冈山上,怎样面对敌人的经济封锁所造成的巨大困难,怎样解决部队和农民吃饱饭的问题,成为了当时根据地建设和发展面临的重要难题。 针对井冈山的经济环境和经济斗争的需要,毛泽东领导当时根据地的军民进行"打土豪,筹款子",实行土地革命,为保障生存和发展提供一定经济上的支撑。"打土豪,分田地"解决的既是筹粮筹款的眼前困难,又是对贫苦农民缺少或没有土地导致的发展内在动力不足问题的长远考虑,从而激发人民群众对保卫土地、保卫得之不易的红色政权、支持革命的广泛认同。除此之外,我党在井冈山根据地也进行了建设发展多方面的尝试,兴办印刷厂和造币厂、封山育林、兴修水利、修整道路等,尽可能地增加收入,以保障军队作战和人民群众生存的基本需求。虽然在井冈山根据地所做的初步尝试没有完整的理论体系,但也充分凸显了我党鲜明的政治智慧,井冈山上的成功探索,如星星之火,为日后的根据地建设点亮了希望,保存了珍贵的实践经验,也为以燎原之势夺取斗争的最后胜利提供了正确的思想理念。

---

① 《毛泽东选集》(第二卷),人民出版社1991年版,第563页。
② ③ 《中国共产党历史》(第一卷)(上册),中共党史出版社2011年版,第157页。
④ 《毛泽东选集》(第一卷),人民出版社1991年版,第68页。

(二) 克服经济困难，巩固根据地政权

中国抗日战争是一场持久战。战局的扩大与战线的延长所带来的是物资的匮乏和人民生活贫困的加剧。在敌后抗日根据地加强经济建设，是解决战时困难，改善人民生活条件，巩固根据地建设的重要手段。毛泽东指出，我们要"感谢那些封锁我们的人们，因为封锁这件事，除了它的消极的坏处一方面之外，还产生了积极的一方面，那就是促使我们下决心自己动手，而其结果居然达到了克服困难的目的，学得了经营经济事业的经验"[①]。1939年2月2日，中共中央在延安召开生产动员大会，毛泽东在会上发出"自己动手"的号召。1941年，为克服经济上的严重困难，中共中央再次强调走生产自救的道路，各抗日根据地的党政军学员和人民群众响应号召，掀起了大规模的生产运动。在这次大生产运动中，最具有代表性的便是南泥湾大生产。南泥湾大生产不仅是当时时代大背景的缩影，它所塑造的南泥湾精神，也为后人留下了宝贵的精神财富。大生产改造之前，南泥湾地区是一个长期荒芜、地广人稀、常有虎狼野兽出没的地方。经过对实际情况的深入研究和讨论，结合当时部队的实际条件和现实情况，我党制定了统一管理、分散经营、大家动手、各尽所能的生产自给运动的基本原则。然而，开垦南泥湾并不是一件轻而易举的事，在军队中不乏思想认识不清、态度不积极的声音，这也是开垦过程中存在的较大阻力。针对种种困难，三五九旅开展了自上而下的思想动员，统一了军队各级官兵的思想认识，在南泥湾开展以农业为主的大生产运动是解决部队供给、改善人民生活水平、增加财富的唯一路径，是保卫边区、建设边区的重要途径，这和正面抗击敌人是一样的荣耀。随着南泥湾开垦实践的深入，三五九旅的各级官兵也从最开始的脱离边区实际、缺乏经验等问题中逐渐摆脱出来，在毛泽东、朱德的屯田号召下和促进生产

[①]《中国共产党历史》(第一卷)(下册)，中共党史出版社2011年版，第599页。

的理念上，自上而下深入落实"南泥湾政策"，从最开始的规划和发展南泥湾，到用大竞赛推动大生产高潮，再到"精耕细作，绝不荒芜一分地"的大开发，每一步都凝结着广大军民的辛勤劳动和汗水。在深入实践的同时，我党继续巩固生产成果，总结经验和教训，响应"组织起来"的号召，动员广大妇女群众参加生产，并在延属地委发出党政机关生产自给的通知，制定完全自给自足的生产目标。经过数年的建设和改造，南泥湾地区已经彻底改变了面貌。许多新的兵营和村庄遍布山岗，粮食和蔬菜基本自足，各式工厂学校不断创建。军队发展自给经济，是在当时大生产运动中的伟大创举，它解决了战时军队生产资料的匮乏，极大改善了垦区驻军的生活，转变了传统的"当兵吃粮"的观念，得到了广大人民群众的拥护，巩固了根据地的政权。作为陕甘宁边区大生产的第一块"实验地"，从"烂泥湾"到"陕北好江南"的变化，不仅体现广大军民团结协作、开拓创新的精神，更体现着我党精准的战略眼光。

（三）土地改革激活发展内在动力

中国共产党在对土地革命的深刻总结中、在抗日战争敌我形势的全面分析中清晰地认识到，中国是农业大国，农民占据人口总数的80%，他们最为依赖的生存资料就是土地。然而，土地却被占农村人口不到15%的地主与富农所占有。因而，解决土地问题，也就是农民问题，对发展与壮大抗日力量至关重要，并成为中国革命的基本问题。1937年8月，中共中央在洛川召开政治局扩大会议，正式决定把"减租减息"作为抗日战争时期解决农民问题的基本政策。会后，各个根据地都依照抗日救国十大纲领，结合本地区的实际情况，分别制定减租减息的法令。为了推进土地政策的转变，中国共产党一方面针对党内干部群众中存在的模糊认识，强调实行土地政策转变的必要性，一方面又针对国民党方面否定土地革命的言论及不主张解决群众民生、民主问题的错误做法，肯定了中国共产党过去所实行的土地革命和土地政策的正确性，指出"地主应该减租减息，同时农民应该交租交息，团结对外"①。

解放战争时期，1945年11月16日的《解放日报》社论在总结减租减息的经验时指出："在抗战期间，我们解放区认真地实行了减租减息和发展生产的民生政策，因而发动了广大农民的生产热忱，增强了各阶层人民的团结，提高了农村的生产力，使解放区能在极为困难的背景下，坚持了敌后的抗战并最终走向胜利。"这一方面引起了农村土地关系和阶级关系的变化，削弱了封建势力，为今后进一步解决土地问题创造有利的条件。同时，减租减息的土地政策改善了雇农、贫农的生活，农民在政治上也翻了身，特别是通过减租减息的土地政策，打杀了地主阶级的威风，树立了农民在农村中的政治优势，使农民从数千年来的封建压迫下解放出来。另一方面，农民交租交息，地主减租减息，在一定程度上缓和了农村的阶级关系，激发起广大人民抗日的热情，团结了各个阶级共同抗日。

随着减租减息运动的深入发展，各地农民对于解决土地问题的要求日渐迫切，因此，在1946年5月，中共中央发布了《关于土地问题的指示》，将减租减息政策改为实现"耕者有其田"。《指示》的提出标志着我党在土地问题上已经由削弱封建剥削，转向变革封建土地关系。深入的土地制度改革，激发了广大人民群众的生产热情，同时我党不忘在改革中及时总结经验，于1947年10月10日正式颁布《中国土地法大纲》，规定了彻底平分土地的基本原则。轰轰烈烈的土地改革，使贫农、雇农获得了相当于平均水平的土地和其他生产、生活资料，从而使亿万农民在政治和经济上获得了解放。

无论是井冈山等革命根据地的建设，还是大生产运动的各种举措，以及土地改革中的各项政策，都是在发展理念上解决的发展内在动力问题，保障的是战时特殊背景下的最基本需要，还尚未形成一个科学的发展范式。正如毛泽东所说："这时的党终究还是幼年的党，是在统一战线、武装斗争和党的

---

① 《毛泽东选集》（第二卷），人民出版社1991年版，第537页。

建设三个基本问题上都没有经验的党,是对于中国的历史状况和社会状况、中国革命的特点、中国革命的规律都懂得不多的党,是对于马克思列宁主义的理论和中国革命的实践还没有完整的、统一的了解的党。"[1]虽是如此,我党对根据地的建设和对经济发展的探索,也为后来的发展理念形成提供了丰富的实践经验。

二、社会主义建设时期的发展理念

中国共产党领导中国人民进行了长达28年的革命斗争,终于在1949年推翻了帝国主义、封建主义和官僚资本主义的反动统治,建立了中华人民共和国。但是长期的战争使得民不聊生,国民经济也遭到了很大破坏,亟待恢复。所以,中华人民共和国建立后,党和政府所面临的最重要的历史任务,集中起来就是发展问题。在这一时期的发展理念,既有对经济结构调整的初步探索,同时也有对发展内在动力改革的初步尝试,更有体现社会公平正义的发展理念的初步萌芽,虽然还不具备理论的整体性和完整性,但也体现出了我党在发展问题上敢于尝试,在实践中不断探索的先进精神。

(一)国民经济恢复与发展

中华人民共和国成立后的三年时间里,党领导各族人民,一方面肃清国民党的残余武装力量,一方面接收帝国主义在华资产,没收官僚资本企业归国家所有,完成新解放区的土地改革,发展新民主主义经济。此时,迅速组建社会主义性质的国营经济,使之成为整个国民经济的领导成分,是从半殖民地半封建经济转变到民主主义经济的重要步骤和关键所在。

党的七届三中全会指出,在全国范围内完成土地改革,同时把合理调整

---

[1] 《毛泽东选集》(第二卷),人民出版社1991年版,第610页。

工商业列为争取财政经济状况基本好转的重要条件之一。毛泽东具体指出，我们要使工厂开工，解决工人失业问题，实行土地改革，剿匪反霸，使广大农民拥护我们，并要给小手工业者找出路，维持他们的生活，对民族资产阶级要通过合理调整工商业，调整税收，改善同他们的关系，不要搞得太紧张[①]。"不要四面出击"的战略策略方针，充分说明在中华人民共和国成立初期我党面临的首要任务是发展经济，恢复经济。多年的战争导致我国经济发展缓慢，甚至是停滞不前，人民普遍生活水平低下，而继续深化的全面土地改革解决的仍是发展内在动力问题，对民族资产阶级的态度则表明我党旨在争取最广大群众的普遍认同，为经济的复苏争取到最广泛的支持，同时可以巩固新生政权的地位。

（二）总路线的提出

理念是行动的先导，一定的发展实践都是由一定的发展理念来引领的，发展理念是否正确，从根本上决定着发展成效乃至成败。经过了整风运动和反右派斗争，党中央认为，在经济和政治方面的社会主义改革都已经取得了伟大的胜利，从中华人民共和国成立到社会主义改造基本完成，在这短短的几年中相继取得的胜利使人们错误地认识实现中国的富强可以在一个较短的时间内完成。"大跃进"运动便是在这样的背景下展开的。在社会主义建设总路线从酝酿到提出的过程中，毛泽东明确指出，多、快、好、省，这是代表中央的，是党的一个路线，是我们搞建设的一个路线。[②]他把"多快好省，鼓足干劲，力争上游"并提，并称之为"总路线"。刘少奇还在党的八大二次会议上对建设社会主义的总路线和基本点进行了进一步的阐释：调动一切积极因素，正确处理人民内部矛盾；巩固和发展社会主义的全民所有制和集体所

[①]《中国共产党历史》（第二卷）（上册），中共党史出版社2011年版，第63页。
[②]《毛泽东文集》（第六卷），人民出版社1999年版，第75页。

有制，巩固无产阶级专政和无产阶级的国际团结；在继续完成经济战线、政治战线和思想战线上的社会主义革命的同时，逐步实现技术革命和文化革命；在重工业优先发展的条件下，工业和农业同时并举，大型企业和中小型企业同时并举；通过这些，尽快地把我国建设成为一个具有现代工业、现代农业和现代科学文化的伟大的社会主义国家。[1]列宁指出："在分析任何一个社会问题时，马克思主义理论的绝对要求，就是要把问题提到一定的历史范围之内。"[2]历史地看，总路线的提出反映了广大人民群众迫切要求改变落后贫穷面貌的普遍愿望，同时这样的一种精神面貌和有针对性的方针政策结合起来，在一定程度上是可以促进和加快社会主义建设事业的。

1957年冬到1958年春掀起的农业生产高潮拉开了"大跃进"运动的序幕，在1958年3月的成都会议上提出的口号和思想，若在实事求是思想路线指导下是有积极意义的，但在"左"的急于求成的思想指导下，片面强调"破除迷信，解放思想"，对当时不顾客观规律盲目蛮干的行为实际上是一种鼓励。党的八大二次会议的召开，则标志着"大跃进"运动的全面展开，会议充分肯定了"大跃进"的形势，并认为我国正在经历马克思所预言的"一天等于二十年"[3]的伟大时期，经济文化事业完全能以超越西方发达国家的速度发展。同时会议也通过了15年赶上和超越英国的目标。"大跃进"在工业方面的体现是钢产量指标的不断提高，而在农业方面则表现为农作物产量指标的严重浮夸。文化界、理论界、科技界等也都纷纷投入到了"跃进"的浪潮。在1958年召开的北戴河中央政治局扩大会议指出，工业的生产和建设必须保证重点。会议做出的《中共中央关于一九五九年计划和第二个五年计划问题的决定》，在工业农业和科技上都进一步提出了更高的指标和要求，在此背景下，兴起了全民大炼钢铁运动，并提出了"以钢为纲，全面跃进""一马

---

[1]《中国共产党历史》（第二卷）（上册），中共党史出版社2011年版，第466页。
[2]《列宁选集》（第三卷），人民出版社1995年版，第75页。
[3]《马克思恩格斯文集》（第十卷），人民出版社2009年版，第203页。

当先,万马奔腾"的口号,电力、煤炭、运输等行业也掀起了全民兴办的热潮。

全面跃进造成了虚假繁荣的泡沫景象。总结历史的经验和教训,发展中结构不协调以及对发展任务和目标的错误定位,给发展带来的是极大的负面影响,甚至拖慢了整个社会发展的进程。这次跃进运动,极大地浪费了人力、物力和财力,使基本建设规模和职工队伍急剧膨胀,加重了国家财政支出和商品粮供应的负担,加剧了社会商品的供需矛盾,同时也严重地冲击了农业和轻工业的发展。与此同时,我们也深刻地认识到,人民对美好生活的向往是迫切的,对社会主义建设的热情是高涨的,务必要将实事求是落实到发展的每一个环节,要循序渐进,切不可急于求成。

(三)明确四个现代化目标

1956年,毛泽东在《论十大关系》一文中强调在优先发展重工业的同时,必须兼顾农业、轻工业的发展。他明确指出:"重工业是我国建设的重点。必须优先发展生产资料的生产,这是已经定了的。但决不可以因此忽视生活资料尤其是粮食的生产。"[①]"我们现在的问题,就是还要适当调整重工业和农业、轻工业的投资比例,更多地发展农业和轻工业。"[②]可以说,中华人民共和国成立初期我国工业化实行优先发展重工业战略,工业建设取得了举世瞩目的巨大成就,改变了旧中国重工业严重落后的面貌,初步建立起了工业化道路的基础,增强了我国经济的独立性。经过了"一五"计划和"二五"计划,特别是经过了"大跃进"运动,党开始认识到要建立完整的国民经济体系,比单一地建立工业化的基础更为科学和重要。四个现代化的提出,则为我国的国民经济的调整起到了积极的推动作用。

在1954年9月15日召开的一届全国人大一次会议上,周恩来代表党中央

[①][②]《毛泽东文集》(第七卷),人民出版社1999年版,第24页。

第一次提出关于四个现代化的构想，他明确指出："我国的经济原来是很落后的。如果我们不建设起强大的现代化的工业、现代化的农业、现代化的交通运输业和现代化的国防，我们就不能摆脱落后和贫困，我们的革命就不能达到目的。"①随着党对发展的认识加深和实践的逐渐深入，四个现代化的内容也被不断地完善，至1960年2月，周恩来在阅读苏联《政治经济学教科书》的发言中，将"科学文化现代化"改为"科学技术现代化"，四个现代化的基本内容便被完整提了出来。在具体实现四个现代化战略目标的过程中，党中央提出可以分为两步走，即从第三个五年计划开始，第一步，经过三个五年计划时期，建立一个独立的、比较完整的工业体系和国民经济体系；第二步，全面实现农业、工业、国防和科学技术的现代化，使中国经济走在世界前列。

在这样的战略目标和实施方针的指引下，我国的国民经济调整任务在1965年年底终于全面完成，工农业生产中农轻重的比例关系实现了新的协调发展，在很大程度上扭转了"以钢为纲"所造成的比例失衡的局面。国民经济生活中的积累与消费的比例关系基本恢复正常，财政收支平衡，市场稳定，人民生活有所改善。也是在四个现代化的指引下，1964年10月16日，我国成功爆破第一颗原子弹，用"东方巨响"震惊了世界，更有用三年多的奋战，以高速度和高水平探明和建设起来的大庆油田。在这一时期，还培养造就了一大批科学技术人才，在他们的共同努力下，中国同世界发达国家的科技水平差距缩小了。四个现代化战略目标从提出到最终确立，是中国共产党人总结中外发展经验、对社会主义建设道路不断深入探索的过程，它不仅具有鼓舞全国人民的精神力量，更给中国人民描绘了一个可以预见的宏伟蓝图。

这一时期的发展理念，总的来说没有突破单一公有制和计划经济的框架，而在急于求成的思想下，造成了欲速则不达的严重后果，在阶级斗争和

---

① 《中国共产党历史》（第二卷）（下册），中共党史出版社2011年版，第674页。

政治运动中,中国和世界发达国家的差距不仅没有缩小,反而扩大。可以说这一时期党对发展的探索是曲折而徘徊的,但也为日后的具有中国特色社会主义的发展理念的形成和中国特色社会主义的建设留下了十分宝贵的实践经验。

在革命与建设时期,以毛泽东为核心的党的领导集体认真分析了中国的历史和现状,开创了农村包围城市、武装夺取政权的道路,完成了反帝反封建的民主革命任务,废除了封建土地所有制,建立了中华人民共和国。随着中华人民共和国的建立,毛泽东等国家领导集体带领人民群众积极投入到国民经济恢复实践当中去,并顺应世界发展的时代潮流,实现了社会主义改造和建设并举,确立了社会主义基本制度。在全面建设社会主义时期,以毛泽东同志为核心的领导集体打破了苏联计划经济模式,开始走向了以苏为鉴、调动一切积极因素走自己的路的发展道路,并取得了诸如在经济上以农业为基础、工业为主导、农轻重协调发展,在科学文化上坚守百花齐放、百家争鸣等多领域的发展思想成果,有力推动了中国的发展和进步,为新发展理念的形成奠定了基础。

三、改革开放新时期的发展理念

"我们党领导人民进行社会主义建设,有改革开放前和改革开放后两个历史时期,这是两个相互联系又有重大区别的时期,但本质上都是我们党领导人民进行社会主义建设的实践探索。中国特色社会主义是在改革开放历史新时期开创的,但也是在新中国已经建立起社会主义基本制度、并进行了20多年建设的基础上开创的。"[①]改革开放前的奋斗和探索,是承接新民主主义革

[①]《毫不动摇坚持和发展中国特色社会主义 在实践中不断有所发现有所创造有所前进》,载《人民日报》,2013年1月6日,第1版。

命胜利而开始的新的伟大历史进军,而改革开放后的实践探索则是党领导全国各族人民成功开创和发展中国特色社会主义的新的历史征程。1978年党的十一届三中全会重新确立解放思想、实事求是的思想路线,做出把党和国家工作重心转移到经济建设上来,实行改革开放的历史性决策,实现了新中国成立以来的历史上具有深远意义的伟大转折。

(一)发展才是硬道理

随着苏联的解体,冷战结束,两极分化的格局也随之瓦解,世界格局向多极化方向发展,国际关系出现了相互依存、相互合作、相互竞争的局面,以经济实力和科技实力为基础的综合国力的竞争逐渐取代了以军事力量为主的竞争。维护和平、促进发展成为了当时世界的总趋势。1985年,邓小平明确提出"和平和发展是当今世界的两大问题"[1]的论断。在结束了十年"文化大革命",中国的科技、教育、文化、经济都亟待恢复的时期,以邓小平为核心的党的第二代中央领导集体,坚持解放思想、实事求是的思想路线,结合中国社会的发展实际,进一步确立了我国还处于并将长期处于社会主义初级阶段的基本国情。当时的中国,人口多但人均资源占有量少,综合国力还比较弱。

十一届三中全会以后,邓小平将马克思主义社会发展观与中国特色社会主义实践相结合,总结了苏联模式社会主义经验教训的理论成果,创立了中国特色社会主义社会发展观。他指出"搞四个现代化,最主要的是搞经济建设"[2],"说到最后,还是要把经济建设当作中心"[3],"其他一切任务都要服从这个中心,围绕这个中心,决不能干扰它,冲击它"。[4]他指出:"讲社会主

---

[1]《邓小平文选》(第三卷),人民出版社1993年版,第104页。
[2]《邓小平文选》(第二卷),人民出版社1994年版,第276页。
[3][4]《邓小平文选》(第二卷),人民出版社1994年版,第250页。

义，首先就要使生产力发展，这是主要的。只有这样，才能表明社会主义的优越性。社会主义经济政策对不对，归根到底要看生产力是否发展，人民收入是否增加。这是压倒一切的标准。"①

邓小平在1992年的南方谈话中进一步指出："对于我们这样发展中的大国来说，经济要发展得快一点，不可能总是那么平平静静、稳稳当当。要注意经济稳定、协调地发展，但稳定和协调也是相对的，不是绝对的。发展才是硬道理。"②邓小平的南方谈话明确了发展观的基本原则。其一，发展是硬道理，要加快发展；其二，要通过改革开放推进经济发展；其三，要通过区域上的非均衡布局和动态上的波浪式推进加快经济发展。1992年的十四大以后，党中央开始推进建立社会主义市场经济体制，加快对外开放的步伐。

在明确的发展目标指引下，党中央在战略实施上总结了国内外社会主义建设的经验和教训，从我国的实际国情出发制定了"三步走"发展战略。这一战略采取了渐进式的发展方式，反映了社会全面发展、协调发展的科学内涵。而在具体的实施方法上，邓小平继承和发展了毛泽东的统筹兼顾的思想，强调要统筹兼顾，不能顾此失彼。在一系列行之有效的发展战略思想引领下，中国特色社会主义事业的建立迈开了自己的步伐，我国经济走上了快速发展的道路。生产力得到了进一步的解放，农业生产获得了空前的发展，基本上解决了十亿多人口的温饱问题，在此基础上，国家还从多方面加快轻工业的发展，极大地改变了市场商品短缺的情况，我国的产业结构和消费结构发生了新的变化。科学技术方面也取得了显著的成绩，如1983年我国成功地自行设计研制了每秒1亿次的"银河"计算机系统，多次用"长征2号"运载火箭发射卫星成功，等等。可以说在这一时期，我国国家建设的各个层面都取得了举世瞩目的成就。

---

① 《邓小平文选》(第二卷)，人民出版社1994年版，第314页。
② 《邓小平文选》(第三卷)，人民出版社1993年版，第377页。

十一届三中全会以来，以邓小平为核心的党的领导集体为了扭转"文革"颓废的国民经济和社会困境，破除"两个凡是"的影响，恢复了党的政治路线和思想路线，提出了具有世界意义的全方位、多层次、宽领域的改革开放政策，拓展了中国的国内外发展市场。在改革开放初期，由于中国社会主义发展的短暂性，人民对发展规律的认识还不够全面。邓小平提出了著名的社会主义本质论断，指出社会主义的本质就是解放生产力、发展生产力，消除剥削、消除两极分化。社会主义的根本任务就是发展，中国共产党也是将发展作为自己历史使命的政党走向政治舞台的。正如邓小平南方谈话中提出的发展才是硬道理这一著名命题，只有发展才能解决发展问题，实现共同富裕的目标。为了实现发展目标，邓小平在会见国际友人时提出了具有历史性意义的"三步走"战略，这为国家的发展指明了阶段性方向。同时基于国内外经验的总结与概括，邓小平还提出了社会主义初级阶段的内涵，认为现在的发展仍旧是低层次的，社会主义初级阶段的路线是以经济建设为中心，坚持四项基本原则、坚持改革开放，坚持自力更生、艰苦奋斗，为把我国建设成为富强、民主、文明、和谐的社会主义国家而奋斗，这反映了中国社会主义发展的根本规律，指明了有中国特色社会主义的发展道路，为新发展理念的形成构建了内容支撑。

（二）发展是执政兴国的第一要务

从20世纪80年代开始，经济全球化便成为世界经济发展的趋势，在此基础上，90年代的世界形势发生了更为深刻的变革，新科技革命突飞猛进，高科技的发展势头更为强劲，以科技为先导的综合国力的竞争更为激烈。正如江泽民同志所说："一边是北方发达国家财富不断积累，一边是南方发展中国家贫困不断加剧。富者愈富，贫者愈贫。现代科学技术和经济全球化趋势的发展，并没有使世界各国都普遍受益，世界发展中的不平衡更趋严重。"[①]在

---

① 《江泽民文选》（第三卷），人民出版社2006年版，第109页。

这一时期，经济全球化是机遇，但同时也是严峻的挑战。与此同时，我国的社会主义市场经济体制改革也进入攻坚阶段，特别是公有制经济的改革，成为经济体制改革的重心，建立起比较完善的社会主义市场经济体制，解决社会主义经济的主体部分与市场经济的适应问题，则是改革的重中之重。正是在这样的国际国内形势下，以江泽民同志为核心的党的第三代中央领导集体举起带领全国各族人民全面建设小康社会的旗帜，提出了"三个代表"的重要思想，更鲜明地提出了"发展是执政兴国的第一要务"这一科学论断。这一时期的发展理念是紧紧围绕"如何发展"而展开的具有内在逻辑的理论体系。

"发展是执政兴国的第一要务"这一论断把对发展的重要性认识提升到了前所未有的高度，是对邓小平提出的"发展才是硬道理"更为深入的继承和发展，也是更为深刻的认识和解读。与此同时，江泽民提出要在战略实施步骤上实行新"三步走"战略，即：第一步，用10年时间，以2000年为基点，实现国民生产总值翻一番，人民的小康生活更加宽裕，形成比较完善的社会主义市场经济体制；第二步，再用10年时间，到建党一百周年，国民经济更加发展，各项制度更加完善；第三步，用30年的时间，到21世纪中叶新中国成立100年，基本实现现代化，建成富强民主文明的社会主义国家。随着国家小康水平的实现，党在十五大报告中细化了"三步走"发展战略中的第三步，即：在21世纪前半叶的第一个十年要做到国民生产总值比2000年翻一番，人民小康生活更加富裕，社会主义市场经济体制更加健全；到建党一百周年，实现国内生产总值和城乡居民人均收入水平比2000年翻一番，各项制度健全，取得全面建成小康社会的胜利；到新中国成立一百周年，就是要实现富强民主文明和谐的社会主义现代化国家。这为国家的发展提供了更为清晰的方向。以江泽民同志为核心的第三代中央领导集体更是将"科教兴国战略""可持续发展战略""西部大开发战略"作为更为细化的发展目标进行实践。"科教兴国战略"强调科学技术是第一生产力，注重依靠科技进步提高劳动者素质,从而改善经济增长质量和效益。"可持续发展战略"则从人口、资源、环境三个维度开辟了协调发展的道路,从而实现更好地持续发展经济,提供更好更多的生产资料,促进人民生活水平、文化水平、科学技术水平的提高。"西部大开发战略"有力地协调和平衡了东西部的发展,推进了民族的团结和社会的稳定,促进了我国边疆的建设,增强了我国政治上的凝聚力。

在这样源于实践又高于实践的发展思想引领下,我国的发展取得了举世瞩目的成就。国民经济持续快速健康发展,克服了世界经济波动给我国带来的不利影响,保持了经济较快的增长。人民生活总体上实现了由温饱到小康的跨越,市场商品供应充足,居民生活质量提高,"八七"扶贫攻坚计划基本完成。社会主义市场经济体制初步建立,公有制经济进一步壮大,国有企业改革稳步推进,宏观调控体系不断完善,综合国力不断提升,国际地位也进一步提高。

十三届四中全会以来,以江泽民为核心的党的领导集体认真分析了世情、国情和党情,2000年在广东考察工作时提出了具有时代意义的"三个代表"重要思想,认为中国共产党要始终代表中国先进生产力的发展要求、始终代表中国先进文化的发展要求、始终代表人们群众的根本利益,这是我们党发展的立党之本、执政之基、力量之源。"三个代表"重要思想反映了发展是党执政兴国的第一要务,发展的出发点和归宿在于实现人民群众的根本利益,并指明了党的发展使命和发展目标。为了获取更好的发展与提高人民群众的生活水平,以江泽民同志为核心的党的领导集体实施了全面建设小康社会的重要战略举措,在政治、经济、文化、社会等领域实现高层次的发展,以夺取全面建设小康社会的胜利。所有的成果都高度凝结了党的发展理念,并取得了世界瞩目的成果,为新理念的形成推进了新的高度。

(三)科学发展观

在反思和检讨单一的经济增长与人民幸福和社会发展程度并不成正比的

过程中，发展中国家在普遍范围内逐渐发生了由"以物为本"到"以人为本"的认识转向。发展观价值向度的转变充分说明了发展应该是整体的、综合的、内生的，经济只是发展的手段，发展的目的是社会和人的需要，可持续发展的目标和中心是人。这一观点在世界各国取得普遍认同。改革开放40年来，中国逐渐成为一个负责任的世界大国，这说明中国将在世界稳定和平发展过程中，肩负着更为艰巨的任务和使命。而此时在社会发展进程中，国内的深层次矛盾和问题也日益凸显。多年来的粗放型的经济增长方式，带来的是资源过度的开发和浪费，环境污染严重，土地荒漠化问题突出。三农问题凸显，城市的人均收入水平远远高于农村。地区之间发展不平衡，造成了中西部GDP相对差距逐渐增大。在这样的新阶段，在总结历史的经验和教训的基础上，以胡锦涛同志为代表的中国共产党人深刻思考了我国的现实国情，明确提出了以人为本、全面协调可持续发展的科学发展观，科学地回答了为什么要发展、怎样发展、为谁发展和靠谁发展的问题。

科学发展观的发展涵盖了经济发展、政治发展、文化发展、社会发展和生态文明发展五个维度。但同时发展作为科学发展观的第一要义，说明在现阶段还是侧重于生产力和经济的发展，这是由我国社会主义初级阶段的基本国情决定的。从根本上讲，只有经济增长和综合国力的提升才能更好地解决我国在发展道路上出现的新问题和新矛盾。以人为本是科学发展观的本质和核心，是科学发展观的灵魂所在，它回答了为什么发展和靠谁发展的问题，更是明确地阐述了要不断满足人民日益增长的物质文化需要这一发展目标，同时也体现了我党"执政为民"的原则。全面协调可持续，则是要求在发展的过程中，要正确处理经济与社会、城市与农村、东部中部和西部、人和自然、国内和国外的关系；要统筹安排消费与投资、供给与需求、市场机制与宏观调控、科技进步与人力资源配置之间的关系；更是要将社会主义物质文明、政治文明、精神文明、生态文明和人的自由全面发展看成不可割裂的相互促进的整体，可以说内涵是丰富而又全面的。科学发展观的根本方法是统

第三章
中国共产党发展理念的历史演进

筹兼顾,这是在我党长期的革命和建设实践中得出的重要结论,是对唯物辩证法的继承和应用,同时也是解决当前发展存在问题的迫切需要。

近十年来,在党中央新发展理念的指导下,我国的发展取得了有目共睹的辉煌成就。经济取得了高速的发展,实现了国民经济继续平稳较快地增长,在2008年经济危机之后,内需拉动作用显著增强,产业结构持续改善,区域发展的协调性增强;进出口贸易规模不断扩大,对外投资迅速发展;农村改革全面推进和深化,现代农业和新农村建设逐步深入,建立了新型合作医疗,基本覆盖了农村全部人口;资源环境对经济发展造成的巨大压力得到缓解。使我国的经济发展更加迅速,民主法治更加健全,科技更加进步,人民的生活得到不断改善,日子越来越好,中国共产党的执政地位得以巩固,真正得到人民的拥护和支持,同时也开拓了中国特色社会主义事业的发展前景,为中国特色社会主义事业指明了方向。

党的十六大以来,以胡锦涛同志为代表的党的领导集体高举中国特色社会主义的伟大旗帜,站在历史的高度,以邓小平和江泽民为核心的党的领导集体的发展理论为引导,认真总结和概括了国内外发展实践经验和教训,提出了具有中国特色又蕴含世界发展内涵的科学发展观这一重大战略思想,即第一要义是发展,核心是以人为本,基本要求是全面协调可持续,根本方法是统筹兼顾,集以人为本发展观、全面发展观、协调发展观、可持续发展观为一体。科学发展观是对党的三代中央领导集体关于发展的重要思想的继承和发展,是马克思主义关于发展的世界观和方法论的集中体现,与马克思主义、毛泽东思想、邓小平理论及"三个代表"重要思想中关于发展的观点是一脉相承而又与时俱进的,它是国家发展的重要指导方针,更是中国特色社会主义必须坚持的发展思想。科学发展观是党关于发展理念的继续升华,是针对国家目前发展成果分配不公平、发展不全面、发展不协调、发展中生态失衡等问题做出的回答,也是对发展为了谁、发展依靠谁、实现什么样的发展、怎样发展以及发展动力何在等发展问题的全面阐述。所谓的科学发展就是要在坚持经济建设为中心的前提下，统筹国家政治、经济、文化、社会、生态等领域的全面发展，协调贫富之间、城乡之间、区域之间、经济社会之间的发展，实现国家发展人人参与、发展成果人人共享。科学发展观所倡导的以人为本、全面、协调、可持续理念为国家未来健康发展提供了向导，也为新发展理念的形成提供了契机。

/ 第四章 /

新发展理念的内涵与价值

中国理念 CHINA IDEA

没有思想就没有灵魂，没有理念就没有方向，也没有抓手。党的十八届五中全会最突出的亮点就是鲜明地提出了"创新、协调、绿色、开放、共享"的新发展理念，发展动力、发展机制、发展方式、发展路径、发展目的等五大要素构成了新发展理念的有机整体。新发展理念是针对发展新常态背景下实现什么样的发展、怎样发展问题的深层次回答，是当下我国破解难题、厚植发展优势的理念向导。

一、新发展理念的科学内涵

（一）新发展理念的提出

十八大以来，以习近平为核心的党中央依据当前国内的发展现状和世界发展形势，指出当前的中国长期向好的基本面没有改变，而且出现了一些新的发展趋势，经济增长由高速增长转向中高速增长，发展的模式也由规模速度型粗放增长转向效率型集约增长，经济结构更是从增量扩能为主转向调整存量、做优增量并存，发展动力也从传统增长点转向新的增长点，这些新的发展趋势反映了中国的发展已然进入了新常态。所谓的新常态，正如习近平同志所提到的，在"'十三五'时期，我国经济发展的显著特征就是进入新常态。这是我国经济向形态更高级、分工更优化、结构更合理的阶段演进的必经过程。实现这样广泛而深刻的变化对我们是一个新的巨大挑战。谋划和推动'十三五'时期我国经济社会发展，就是要把适应新常态、把握新常态、引领新常态作为贯穿发展全局和全过程的大逻辑"，"新常态是一个客观状态，是我国经济发展到今天这个阶段必然会出现的一种状态，是一种内在必然性，我们要因势而谋、因势而动、因势而进"[①]。面对发展新常态，党中

[①]《聚焦发力贯彻五中全会精神　确保如期全面建成小康社会》，载《人民日报》，2016年1月19日，第1版。

央力求抓重点、带全面,进而解决发展中的不公平、不协调、不全面、不持续等问题,推动全面建成小康社会、全面深化改革、全面依法治国、全面从严治党的总方略,统筹经济建设、政治建设、文化建设、社会建设、生态建设的五位一体总布局,实现发展的全方位、多层次、宽领域。发展新常态给国家的发展带来机遇的同时也带来了不可预测的挑战,面临挑战必须发挥理念先驱的向导作用,用新的发展理念引导新的发展,中国共产党在2015年10月的第十八届中央委员会第五次全体会议上通过了《中共中央关于制定国民经济和社会发展第十三个五年规划的建议》,并在该建议中明确指出,"实现'十三五'时期发展目标,破解发展难题,厚植发展优势,必须牢固树立创新、协调、绿色、开放、共享的发展理念"[1],认为新发展理念关系着国家发展全局的深刻变革,必须牢固树立和坚持新发展理念。新发展理念将创新、协调、绿色、开放、共享纳入理念体系之中,构成了新发展理念内在的核心要素。新发展理念是国家发展思路、发展方向及发展着力点的集中体现,是关系着国家发展全局的一场深刻变革,对实现全面建成小康社会、推动"四个全面",建设富强、民主、文明、和谐社会主义现代化国家都有着极为重要的现实意义。

(二) 内在要素之间的内涵关联

新发展理念的突出特点就在于"新",所谓的"新"体现在时代背景、时代问题、发展对策等层面上,是针对当前国家发展进入新常态所提出的时代理念,创造性地回答了在新形势下国家实现什么样的发展、如何实现发展等重大问题,为国家破解发展难题、厚植发展优势提供新思路、新动力、新机制、新目标、新出路。新发展理念作为时代发展的产物,其基本内涵也是多

---

[1]《中共中央关于制定国民经济和社会发展第十三个五年规划的建议》,载《人民日报》,2015年11月4日,第1版。

层面的。

新发展理念是针对当下中国自身发展的需要和世界发展形势所做出的战略判断，具有很强的导向作用，而创新、协调、绿色、开放、共享作为新发展理念的核心要素也有着独特的指向性内涵。所谓创新发展，主要是要解决发展中创新能力不强、科技发展水平总体不高、科技对经济社会发展的支撑能力不足以及科技对经济增长的贡献率远低于发达国家水平等动力问题。创新作为新发展理念的首要理念，必须要将其贯穿于国家发展的一切工作之中，努力实现科技创新、理论创新、制度创新等；所谓的协调强调发展的全面性，注重的是解决发展中存在的区域、城乡、经济和社会、物质文明和精神文明、经济建设和国防建设等领域的不平衡性问题，旨在实现发展的可持续性；所谓的绿色发展旨在解决发展中存在的人与自然的和谐问题，以绿色发展理念引领发展全局，正确处理好人与自然之间的关系、经济与社会之间的关系、过程与目标的关系等，构建资源节约型、环境友好型社会，实现生产发展、生活富裕、生态良好的和谐美丽健康文明之路；所谓的开放发展注重解决发展的内外联动性问题，用好国际国内两个市场、两种资源，妥善解决国际贸易摩擦，提高对外开放的质量和发展的内外联动；所谓的共享发展注重解决社会的公平正义问题，"发展本身不是也不能成为目的，发展必须有其目的的归宿，发展必有其价值指向。价值指向不同，发展结果迥异"。[①]我们的发展必须发挥人民群众的主体地位，做到发展依靠人民群众、发展成果由人民群众共享，切实实现真正意义上的人人参与、人人尽力、人人享有的新发展理念。新发展理念是新常态的时代化需要，以新的理念引领新的发展，包含着创新发展、协调发展、绿色发展、开放发展及共享发展五个层面的具体内容，每个内容之间不可或缺，共筑新发展理念的科学内涵。

---

① 何毅亭：《马克思主义发展观的中国实践与中国创新》，载《学习时报》，2015年11月27日，第1版。

（三）新发展理念的基本特征

中国共产党在2015年10月的第十八届中央委员会第五次全体会议上通过了《中共中央关于制定国民经济和社会发展第十三个五年规划的建议》，并在该建议中明确指出："实现'十三五'时期发展目标，破解发展难题，厚植发展优势，必须牢固树立创新、协调、绿色、开放、共享的发展理念。"[1]认为新发展理念关系着国家发展全局的深刻变革，必须牢固树立和坚持新发展理念。

新发展理念具有全局性的特征。从内容上讲，新发展理念是由创新、协调、绿色、开放、共享等五个层面所构成。其中创新是发展的动力，着力解决发展动力问题；协调是发展的方法，旨在实现发展的平衡性；绿色是发展的方向，构建发展中的人与自然的和谐关系；开放是发展的战略，统筹国内外发展的联动性；共享是发展的目的，落实发展成果分配的公平正义性。创新、协调、绿色、开放、共享作为新发展理念的内在要素，囊括了发展的动力、发展的方法、发展的方向、发展的战略及发展的目的，涉及了发展中的五大基本关系和五大基本方面，构成了发展的各个方面的主题，具有鲜明的全局性特征。

新发展理念具有根本性的特征。所谓的根本性就是指发展的规律性，新发展理念的提出深刻化了经济发展规律、人类社会发展规律、自然发展规律、世界历史发展规律、社会主义发展规律及党的执政规律。具体到经济发展规律，创新发展理念体现了经济发展规律。创新是经济发展的第一动力，只有创新才能开拓发展新格局。具体到人类社会发展规律，协调发展理念体现了人类社会发展规律。人类社会是由政治、经济、文化、社会、生态等多

---

[1]《中共中央关于制定国民经济和社会发展第十三个五年规划的建议》，载《人民日报》，2015年11月4日，第1版。

领域所构成，其中涵盖了人与自然、人与社会、人与人、经济与社会、区域之间、城乡之间、贫富之间等多种社会关系，必须统筹各个方面、各个关系的协调，才能实现发展的协调性。具体到自然发展规律，绿色发展理念体现了自然发展规律。自然规律就是指人与自然的和谐性，实现发展的可持续性。绿色理念是针对当前发展中的环境与生态问题而提出的理念，以绿色引领发展，实现发展的绿色性。具体到世界历史发展规律，开放理念体现了世界历史规律。世界是开放的世界，国家的发展离不开世界，这是世界历史发展的必然规律性。具体到社会主义发展规律及党的执政规律，共享体现了以人为中心的价值追求，社会主义的本质和党的执政都是以人为本、为人服务。

新发展理念具有方向性的特征。创新、协调、绿色、开放、共享的发展理念是基于中国自身发展需要和世界发展形势所提出的具有鲜明中国特色又蕴含世界人类共同价值的新发展理念，它们的提出都是针对当前国家乃至世界所面临的创新不足、失衡、不协调、生态破坏等问题，为这些发展中存在的问题提供了方向性的视角。在创新层面，创新理念着力解决发展动力问题；在协调层面，协调理念着力解决发展的失衡性问题；在绿色层面，绿色理念重在缓解环境污染及生态破坏等问题；在开放层面，开放理念针对发展中的全球化问题；在共享层面，共享理念的着眼点在于发展成果分配的公平性。

新发展理念具有长远性的特征。中国社会主义制度建立初期，经济社会发展的整体水平较为低下，在世界政治舞台的影响力较小，话语权缺失。为了扭转局势，成为发展大国，国家在初期把国家的发展集中于经济发展领域，在改革开放40年的时间里经济取得了飞速发展，国家综合国力和国际影响力快速提高，赢得了世界的话语权。然而为了发展经济而采取的发展理念往往具有一定的功利性和短暂性，发展中存在的环境污染和生态破坏问题日益威胁着人类的生产与发展。新理念中的创新、协调、绿色、开放、共享发展理念为未来发展成为强国提供了长远性的战略支撑，具有很强的可持续性战略理念指引。

（四）新发展理念内在要素之间的互动关系

新发展理念是时代发展的产物，是由创新发展、协调发展、绿色发展、开放发展及共享发展五个层面所构成的有机整体，"五大发展理念是不可分割的整体，相互联系、相互贯通、相互促进，要一体坚持、一体贯彻，不能顾此失彼，也不能相互替代"。①

创新发展是动力。随着经济全球化和世界多极化的发展，新一轮的全球化也在如火如荼地渗透到世界各个国家的政治、经济、文化、社会等领域之中，国际间的较量越来越集中到科技发展之中，谁掌握领先的科学技术，谁就能在世界的政治舞台上拥有权威性的话语权，而科学技术的发展不仅需要强大的人才支撑，更需要创新发展。创新是一个国家发展的不竭动力，也是一个国家永葆青春的根源所在。党的十八届五中全会报告中把创新发展纳入新发展理念之中，并将创新排在了协调、绿色、开放、共享之前，抓住了国家发展面临的最为核心的发展问题，可见创新在发展中的重要地位，是解决其他发展问题的关键。创新是经济社会发展的第一动力，强调发展的动力，着力解决发展中的动力问题，也是针对当下国家发展中存在的创新不足等创新问题提出来的应对之策。

协调发展是方法。科学发展观的基本要求就是要实现全面、协调、可持续性的发展，强调发展的根本要求。而新发展理念将协调纳入自己的体系之中，主要是针对当前国家发展中出现了区域之间、城乡之间、贫富之间的矛盾问题，旨在调节发展中存在的不平衡性、不协调性、不可持续性问题。协调是发展的方法，在创新、绿色、开放、共享中占据着重要地位，是实现人与社会、经济与社会、价值与目标相统一的支撑，只有协调好发展中的重要

---

① 习近平：《落实创新协调绿色开放共享发展理念 确保如期实现全面建成小康社会目标》，载《人民日报》，2016年1月7日，第1版。

关系，发展才能为创新发展、绿色发展、开放发展、共享发展营造良好的氛围。

绿色发展是方向。绿色理念主要是针对国家发展过程中出现的环境污染、生态破坏等环境问题，这些问题严重威胁着人类的生存与健康，绿色发展必须是未来发展的方向，必须渗透到创新发展、协调发展、开放发展、共享发展过程中。绿色发展立足点在于处理发展中的人与自然关系，着眼于发展的可持续性问题，以绿色理念引领发展方向，大力发展低碳经济、循环经济，加速资源节约型、环境友好型社会的建设步伐，实现生产发展、生活富裕、生态文明式发展，构建人与自然、人与社会之间和谐共处的美丽中国。

开放发展是战略。改革开放是解放生产力、发展生产力、创新体制机制、推动中国特色社会主义、实现中华民族伟大复兴的必由之路、强国之本、力量之源，必须长期坚持开放发展战略。开放既是发展策略又是发展理念，起着战略引领作用，为开拓国内外发展格局、打开国内外市场提供了条件。新发展理念将开放纳入理念体系之中，足以反映出了当前国家发展面临的迫切问题，必须要强化开放意识、提高开放的深度、加强国内国外间的要素流动及资源配置，实现发展的新格局。开放发展在国家发展全局中占据着重要的地位，为创新发展、协调发展、绿色发展、共享发展拓宽了格局。

共享发展是目的。新发展理念把共享放在了创新、协调、绿色、开放理念的后面，反映了发展的目的在于实现共享，共享渗透在创新、协调、绿色、开放发展之中。所谓的共享就是指人人参与、人人共享发展成果，实现分配的公平性，这是社会主义的本质要求及发展目的所在。人民群众是历史的创造者，是发展的主体性力量，只有实现人人参与、人人共享，人民群众才能积极参与到创新发展、协调发展、绿色发展、开放发展过程之中，而创新、协调、绿色、开放发展的深度影响了发展成果共享的程度。

二、新发展理念的成因

新发展理念以创新、协调、绿色、开放、共享为主要内容,贯穿着以人民为中心的发展思想,是习近平新时代中国特色社会主义经济思想的核心内容。新发展理念的形成既体现了新时代中国共产党人关于马克思主义发展观的理论自觉,又彰显了21世纪中国马克思主义坚持问题导向的鲜明品格。同时,新发展理念突出了新时代坚持和发展中国特色社会主义的战略自觉,是中国发展"理""实""势"的一致要求,是针对我国经济发展进入新常态、世界经济复苏低迷形势提出的治本之策,是新时代决胜全面小康,开启现代化强国建设新征程,实现中华民族伟大复兴中国梦的战略蓝图和内在动力。

(一)新发展理念的问题导向

问题导向是马克思主义的鲜明品质,以问题为导向有助于实践的导向性。创新、协调、绿色、开放、共享的新发展理念是应对实现"十三五"规划和决胜全面建成小康社会、实现富强民主文明和谐美丽的社会主义现代化国家进程中存在的矛盾、问题即短板所提出的战略选择。

应对改革开放40年高速度发展带来的系列问题。改革开放40年以来,中国的经济发展是以年均10%左右的速度增长。中国高速度的经济增长让中国的发展进入了一个新的阶段,从经济规模上看,中国的GDP到2014年年底已经达到了63万亿人民币,占据全球GDP总量的12.2%,从世界第十大经济体发展为世界第二大经济体;从人均GDP数据上看,中国的人均GDP到2014年年底达到了5万元余人民币,人均水平超过7000美元,进入世界上中等收入国家行列;从产业结构上看,中国的第一产业、第二产业、第三产业在改革开放初期的比例分别为28.2%、47.9%、23.9%,到2014年年底转变为第三产业高速度发展,占据总比重的48.2%,第一产业和第二产业比重相继下滑,与此相适应的城市化水平在2014年年底达到了55%，超过了世界52%的比例基数。到2018年年底，中国第一产业、第二产业、第三产业比重分别为7.2%、40.6%、52.2%，城市化水平达到59.98%。所有这些数据都显示，中国已进入中等收入国家行列，踏入了后工业化加速完成阶段。中国进入中等收入国家行列之后，既有机遇又有挑战。面对机遇，我们要利用改革开放以来经济高速度发展所积累的强大的物质基础，放慢经济增长速度，提高发展质量。与机遇同在的是挑战，其中之一就是"中等收入陷阱"。所谓的"中等收入陷阱"是指二战后，一些国家在摆脱贫困、跨越温饱，进入中等收入国家之后，没能很好地适应新阶段，出现贫富悬殊、环境恶化甚至社会动荡等问题，导致经济发展徘徊不前。中国人均GDP水平已经跨越了7000美元的世界基准，成为中等收入国家，但是后期发展会出现两种可能性结果：如果适应好新阶段，会带来经济的持续发展，逐渐发展成为发达国家；如果尚不能通过各种措施调整、适应新阶段，就会出现经济停滞不前，陷入中等收入陷阱的危机。创新、协调、绿色、开放、共享的新发展理念即是针对陷入中等收入陷阱危机的可能性做出的应对之策。二是中国经济经历了40年的高速增长，在让中国进入了中等收入国家行列的同时，随之带来的是包括劳动力、科学技术等要素成本的提高，短期内成本的增长会带来一定的通货膨胀，滞缓经济的发展。三是资源、能源等要素的制约，40年的高速发展让中国的资源能源等要素出现短缺，无法满足粗放发展的需求，必须树立新的发展理念来引导经济发展之路，缓解资源能源短缺问题。四是应对发达国家"反替代"发展战略问题的需要，统筹国内外发展市场的安全性和稳定性。

把握、适应、引领发展新常态中的新变化新问题。中国的GDP的增速从2012年年底开始回落，一直到2014年年底都保持着7%左右的增长速度，打破了我国改革开放40年以来经济发展以年均10%左右速度增长的趋势，经济增长阶段性特征得到根本性转变，我国的经济发展呈现了新常态。所谓的新常态就是指正常的状态，由之前正常的状态发展到不正常的状态再发展到正

/ 第四章 /
新发展理念的内涵与价值

常的状态,增长速度从高速转向中高速,发展动力从要素、投资驱动转向创新驱动,产业结构从中低端转向高端,三期叠加成为发展新常态的重要特征。中国发展进入新常态,从整体发展过程来看,新常态仍旧是中国发展的重要战略机遇期。首先是新常态下中国的经济发展速度由高速转为中高速并不代表中国发展的滞后性,而是追求在平和增长的速度中健康持续性发展。其次转变经济发展方式,推动发展动力多元化,实施创新驱动发展战略,走创新发展之路。新常态下发展动力实现了由要素、投资驱动转向了创新驱动,新增了发展的动力点。第三,新常态下发展实现了产业结构的优化升级,第一产业、第二产业、第三产业联合拉动经济增长,科技产业、创新产业及实体经济良势发展,并取得了很好的成果。最后,就是政府顺应时代发展要求,大力简政放权,市场调控左右范围更广,为经济增长与发展提供了强有力的支撑。同样,发展新常态既为经济发展带来新机遇,也给新常态下发展如何实现增长速度从高速转向中高速、产业结构从中低端转向高端及发展动力从要素、投资驱动转向创新驱动带来了一定的新问题和新挑战。这其中一是重速度、重数量的传统经济增长方式影响发展的健康持续性,因此必须转变经济增长方式,使提质增效成为发展战略的核心;二是资源能源短缺越发严重,必须转变经济发展方式,扭转单纯以GDP总量论发展的模式;三是生态环境愈发恶劣,环境污染及生态破坏严重,发展环境堪忧;四是随着中国进入新常态之后要求进行发展速度上的放缓、产业结构的挑战、发展动力的转变,发展的目标不再是单纯地追求GDP,而是在放缓发展速度中平稳健康持续发展经济,这会不同程度上造成国内外投资和需求上的疲软状态;五是贸易摩擦矛盾越来越激烈,中国进入新常态之后低价取胜、放量增长优势将会失去,提质增长将会造成对外贸易附加值的增加,贸易摩擦会加剧;六是新常态下发展仍旧面临着发展动力不足、创新能力不够的问题。而这些问题的解决需要新理念的指引,创新、协调、绿色、开放、共享的新发展理念覆盖了发展新常态中面临的新问题,为经济新常态下实现新发展引领了

方向。

  防范化解重大风险、精准脱贫、污染防治三大攻坚问题。中央经济工作会议于2017年12月18日至20日在北京召开，会议总结了十八大以来我国经济发展历程，分析了当前的经济形势，认为党的十八大以来，我国的经济发展取得了历史性的成就，发生了历史性的变革，为其他领域的改革提供了重要的物质基础，指出5年来，我们坚持谋大事、观全局、干实事，成功驾驭了我国经济发展大局，在实践中形成了以新发展理念为主要内容的习近平新时代中国特色社会主义经济新思想，并明确依照党的十九大要求，在今后3年要重点抓好决胜全面建成小康社会的防范化解重大风险、精准脱贫、污染防治三大攻坚战。打好防范化解重大风险攻坚战，重点是防范金融风险，加强供给侧结构改革；打好精准脱贫攻坚战，要做好真脱贫、脱真贫，切实解决人民群众最关心的上学难、看病难、就业难、住房难等问题，大力发展民生经济，鼓励社会各界积极参与到脱贫工作之中；打好污染防治攻坚战，就是要树立绿色发展理念，调整产业结构，坚持科技创新，提高资源能源燃料利用的技术水平，发展低碳经济、循环经济，建设资源节约型、环境友好型社会，走生态健康文明发展之路，实现人与自然和谐共生。决胜全面建成小康社会的防范化解重大风险、精准脱贫以及污染防治是历史遗留问题，也是制约经济持续健康发展的桎梏，是必须破解的发展难题。打好三大攻坚战，真正实现全面建成小康社会的决胜，促进人的全面发展、实现共同富裕，建设资源节约型、环境友好型、清洁美丽的社会。创新、协调、绿色、开放、共享的新发展理念是站在时代的高度总结中国发展经验和世界发展形势所提出的战略理念，新发展理念是围绕新时代实现什么样的发展以及怎样发展这一根本性问题做出的认识理论成果，反映了中国人民对美好生活的向往意识、经济健康持续发展意识以及人类社会发展进步意识。没有思想就没有灵魂，没有理念就没有方向，理念是行动的向导，指明了实践的方向，新发展理念为打好防范化解重大风险、精准脱贫、污染防治提供了战略导向，必须

/ 第四章 /
新发展理念的内涵与价值

以新发展理念引导三大攻坚战。

实现"十三五"规划和决胜全面建成小康社会过程中的短板问题。创新、协调、绿色、开放、共享的新发展理念既是影响"十三五"规划实现和决胜全面建成小康社会的决定性因素,也是这一进程中的矛盾、问题和短板。其中一是社会环境与人们对创新的需求相互制约的矛盾,这是发展所面临的第一个短板问题;二是地区之间、城乡之间、部门之间发展不协调、不充分、不平衡性矛盾,这是发展面临的第二个短板问题;三是生态破坏、环境污染、人与自然关系紧张等生态环境问题,严重影响着经济发展,也直接影响着人民群众的生活,这是发展面临的第三个短板问题;四是国内外市场发展的联动性矛盾,这是发展面临的第四个短板问题;五是生产与分配不统一、人与发展之间关系不和谐等矛盾,这是发展面临的第五个短板问题。这五个短板问题直接影响着"十三五"规划和决胜全面建成小康社会的进程,必须在破解发展难题、增强发展动力、根植优势发展的同时补短板。中央在制定"十三五"规划的建议中首次提出了创新、协调、绿色、开放、共享的新发展理念,并指出实现"十三五"规划时期发展目标、破解发展难题、厚植发展优势,必须牢固树立并切实贯彻创新、协调、绿色、开放、共享的新发展理念,这是关系我国发展全局的一场深刻变革。提出新发展理念既有深厚的历史基础,它是我国由大国走向强国对发展的内在要求,也有扎实的实践基础,它是实现"十三五"时期发展目标、全面建成小康社会的根本要求,又是我国在新常态背景下解决供给侧结构性改革进程中主要矛盾、根本问题和发展短板的根本引领。

新发展理念是新时代问题导向的理论成果。创新注重的是解决发展动力问题。在国际发展竞争日趋激烈和我国发展动力转换的形势下,只有把发展基点放在创新上,形成促进创新的体制架构,才能塑造更多依靠创新驱动、发挥创新优势的引领型发展。协调注重的是解决发展不平衡问题。只有坚持区域协同、城乡一体、物质文明精神文明并重、经济建设与国防建设融合,才能在协调发展中拓宽发展空间，在加强薄弱领域中增强发展后劲。绿色注重的是解决人与自然的和谐问题。只有坚持绿色富国、绿色惠民，为人民提供更多优质生态产品，推动形成绿色发展方式和生活方式，才能协同推进人民富裕、国家富强的美丽中国。开放注重的是解决发展内外联动问题。只有丰富对外开放内涵，提高对外开放水平，协同推进战略互信、经贸合作、人文交流，才能开创对外开放新局面，形成深度融合的互利合作格局。共享注重的是解决社会公平正义问题。只有让广大人民群众共享改革发展成果，才能真正体现社会主义制度的优越性。

解决中国特色社会主义进入新时代遇到的新矛盾。党的十九大报告指出中国特色社会主义进入了新时代，这是我国发展新的历史定位。我国的主要矛盾也由人民日益增长的物质文化需要同落后生产力之间的矛盾转为人民日益增长的美好生活需求同不平衡不充分发展之间的矛盾，必须要坚持以人为中心的经济发展思想，不断促进人的全面发展，实现共同富裕。同时主要矛盾的转变决定了当前发展主要任务的转向，即在全面建成小康社会的基础上，分两步走实现富强民主文明和谐美丽的社会主义现代化国家。新时代、新形势、新矛盾、新任务需要新理念的指引，理念表明朝着什么方向发展，决定着发展的目标方向，创新、协调、绿色、开放、共享的新发展理念是站在时代的制高点上，认真总结中国发展经验和世界发展形势，围绕新时代实现什么样的发展以及怎样发展这一根本性问题所做出的战略理论成果，既是影响实现"十三五"规划和决胜全面建成小康社会的决定性因素，又是实现"十三五"规划和决胜全面建成小康社会过程中存在的矛盾、问题和短板。首先，过度粗放的发展模式给自然环境带来了难以逆转的伤害，同时使得发展持续性难以为继。其次，过分偏重经济的发展模式造成了物质文明与精神文明的发展的不协调矛盾，诱发众多深层次社会问题出现。最后，就经济发展而言，发展也是不平衡的，不同区域发展差距较大。从长远来看，这种非均衡的发展模式必然导致发展的非均衡问题。随着非均衡发展程度的加深，发展进程必然受到社会体系内部的非均衡性的阻碍，造成发展进程的曲折化乃至停滞化。协调发展理念强调的增强发展协调性，是在我国经济增长取得辉煌成就和走向成熟的新时代的协调性，是在全面建成小康社会决胜阶段的协调性，是着力于"补齐"全面建成小康社会"短板"阶段的协调性。决胜全面小康，最大的短板，就是发展的不平衡问题。全面建成小康社会，强调的不仅是"小康"，更重要也更难做到的是"全面"。"小康"讲的是发展水平，"全面"讲的是发展的平衡性、协调性、可持续性。如果到2020年我们在总量和速度上实现了目标，但发展不平衡、不协调、不可持续问题更加严重，短板更加突出，就算不上真正实现了目标，即使最后宣布实现了，也无法得到人民群众和国际社会认可。

（二）新发展理念是对规律认识的深化

马克思主义理论是发展着的理论，而不是一经形成就永不改变的僵死的教条。新时代推进理论创新，就是"要根据时代变化和实践发展，不断深化认识，不断总结经验，不断实现理论创新和实践创新良性互动，在这种统一和互动中发展21世纪中国的马克思主义"[①]。新发展理念集中反映了我们党对经济社会发展规律认识的深化，是我国发展理论的又一次重大创新。改革开放40年来，我们党总是根据形势和任务的变化，适时提出相应的发展理念和战略，引领和指导发展实践。从以经济建设为中心、发展是硬道理，到发展是党执政兴国的第一要务，到坚持科学发展、全面协调可持续发展，到坚持五位一体总体布局，每一次发展理念、发展思路的创新和完善，都推动实现了发展的新跨越。党的十八大以来，以习近平同志为核心的党中央着眼新的发展实践，推进理论与实践相结合，深入推进党的理论创新，在发展目

---

① 《坚持运用辩证唯物主义世界观方法论　提高解决我国改革发展基本问题本领》，载《人民日报》，2015年1月25日，第1版。

标、发展动力、发展布局、发展保障等方面形成了一系列新理念新思想新战略。其中，新发展理念突出体现了新时代中国共产党人强烈的理论自觉，体现了对社会主义本质要求、实践要求和发展方向的科学把握，标志着我们党对经济社会发展规律的认识达到了新的高度，是习近平新时代中国特色社会主义思想的重要内容。

关于质量互变规律的认识。"创新"是运动的一种形式和过程，是发展从量变到质变的跃进。把创新作为引领发展的动力，是马克思主义政治经济学关于解放和发展社会生产力的思想在中国现有的历史条件和国情下的具体应用和发展。马克思曾精辟地指出："因为辩证法在对现存事物的肯定的理解中同时包含对现存事物的否定的理解，即对现存事物的必然灭亡的理解；辩证法对每一种既成的形式都是从不断的运动中，因而也是从它的暂时性方面去理解；辩证法不崇拜任何东西，按其本质来说，它是批判的和革命的。"[1]创新是新旧的更替，是从量变上升到质变，是发展的剧变式、飞跃式、革命式的形式，是"渐进过程的中断"。"创新即是发展的质变、飞跃形式，这种突破前人已成结论和认识极限的形式，是运动发展的更高形式的辩证法规律。"[2]"创新发展"从根本上揭示了发展的辩证运动过程，也是对发展辩证法的具有当今鲜明时代特点的新阐述、新概括、新理念，是符合马克思主义认识论基本原理的科学理念。

早在革命时期，毛泽东在《实践论》中指出："任何过程，不论是属于自然界的和属于社会的，由于内部的矛盾和斗争，都是向前推移向前发展的，人们的认识运动也应跟着推移和发展。"[3]创新发展，就是遵循矛盾运动的规律，从量变到质变，从渐进到突变，又从新的量变到新的质变、新的渐进到新的突变，以至无穷。对于怎样通过科技发展推动生产力发展，毛泽东说：

---

[1] 《马克思恩格斯文集》（第五卷），人民出版社2009年版，第22页。
[2] 陈光林：《"创新发展"理念的哲学思考及其意义》，载《党建》，2016年第7期，第27页。
[3] 《毛泽东选集》（第一卷），人民出版社1991年版，第294页。

第四章
新发展理念的内涵与价值

"我们不能走世界各国技术发展的老路,跟在别人后面一步一步地爬行。我们必须打破常规,尽量采用先进技术,在一个不太长的历史时期内,把我国建设成为一个社会主义的现代化的强国。"①改革开放后,党中央更是不断丰富创新发展的新理念、新观点。改革开放总设计师邓小平先后提出"科学技术是生产力"和"科学技术是第一生产力",江泽民提出"创新是一个民族进步的灵魂,是国家兴旺发达的不竭动力"②,胡锦涛提出"走中国特色自主创新道路"等。这些关于创新发展思想的演变与延续,正是中国共产党牢牢把握马克思主义政治经济学的分析方法和基本理论,对中国特色社会主义发展观的丰富与发展,是中国共产党在指导改革实践中规律性的总结,是党中央适应新形势、认识新问题,提炼和总结中国发展观的重要理论成果。

党的十八大以来,习近平总书记多次强调"创新是一个民族进步的灵魂,是一个国家兴旺发达的不竭动力,也是中华民族最深沉的民族禀赋。在激烈的国际竞争中,惟创新者进,惟创新者强,惟创新者胜"③。要求"我们必须把创新作为引领发展的第一动力"④,"万众创新、大众创业",推动科技创新、理论创新、文化创新、实践创新以及各领域创新等,这些思想是对马克思主义创新发展理论的升华。从实践来看,虽然进入了新时代,但是我国仍然是世界上最大的发展中国家,目前正在大力推进经济发展方式转变和经济结构调整,正在为实现"两个一百年"奋斗目标而努力,必须把创新驱动发展战略实施好。可见,把创新作为国家的驱动力和核心战略,它所带来的就不仅是物质生产力,还能直接转化为科技生产力、文化生产力、教育生产力、知识生产力、生态生产力。因此,从这个意义上讲,创新发展的范围,由科学技术领域的创新和经济学范畴中的创新,扩展到以科技创新为核心的

---

① 《毛泽东文集》(第八卷),人民出版社1993年版,第341页。
② 《江泽民论有中国特色社会主义(专题摘编)》,中央文献出版社2002年版,第250页。
③ 习近平:《在欧美同学会成立100周年庆祝大会上的讲话》,载《人民日报》,2013年10月22日,第2版。
④ 《保持锐意创新勇气蓬勃向上朝气 加强深化改革开放措施》,载《人民日报》,2016年3月6日,第1版。

理论创新、制度创新、文化创新等在内的全面创新，贯穿国家经济社会发展的各个方面。从创新的主体来说，中国的创新发展的根本动力来自人民的创新，它不仅仅是专家学者、科学家、工程师等少数人的创新，是实实在在的人民创新、全民创新。在创新发展的理念下，每个创新者不仅是创新活动的主体，还是创新活动、创新理念的受益者、传播者和实践者。如习近平总书记所说的：亿万人民群众的伟大实践，是中国特色社会主义创新发展最根本的力量和源泉。实现"两个一百年"的奋斗目标和中华民族伟大复兴的中国梦，最根本的是要依靠人民群众在创造性实践中所激发、调动起来的无穷智慧和力量。

关于物质世界普遍联系和永恒发展的认识。从方法论上讲，协调发展理念来源于马克思主义唯物辩证法。唯物辩证法揭示了物质世界普遍联系和永恒发展的特性，要求人们在认识世界和改造世界过程中，充分运用辩证方法观察和处理问题，正确分析矛盾，在对立中把握统一，在统一中把握对立，克服极端化、片面性，不断提升辩证思维能力。虽然马克思没有具体地对协调和协调发展问题进行论述，但是马克思的理论包含着谋求协调发展的思想。协调发展是协调与发展的双重要求，马克思认为发展内在的要求就是协调，实质上是生产力意义上的经济发展，同时包含人口、政治、文化、法律、自然、思想等多种社会因素。马克思主义认为社会的发展就是不同矛盾相互作用的过程，即表现在政治、经济、文化等各方面，我们应该在这些复杂的多方面矛盾中求得一个强大的合力把社会整体推动向前。

马克思主义协调发展思想在中国革命、建设和改革实践中得到了充分印证和发展。早在抗日战争时期，毛泽东在《〈共产党人〉发刊词》中明确指出，共产党在中国革命中战胜敌人的三个主要法宝是统一战线、武装斗争、党的建设，应该把这三者统一协调起来理解，缺一不可。1942年年底的《经济问题与财政问题》中，毛泽东提出了"公私兼顾"或"军民兼顾"的方针。1956年毛泽东在《论十大关系》中详细论述了如何正确处理发展中的十大关系，其中涉及重工业与轻工业、农业之间的关系，沿海工业和内地工业之间的关系，经济建设和国防建设之间的关系，国家、生产单位和生产者个人之间的关系，中央和地方之间的关系，汉族与少数民族之间的关系，党和非党之间的关系，革命与反革命之间的关系，是非关系以及中国和外国的关系等，这篇讲话是中国共产党协调发展理念在这一时期的集中体现，构成了中国协调发展理念的理论基础。

邓小平总结国际国内的经验与教训，在解决中国的实际问题过程中进一步丰富和发展了毛泽东的协调发展的思想。在改革实践中，邓小平主张社会各个方面应该是综合平衡地发展，在总体设计下，注意协调各方面，分阶段、有步骤地向前发展。1980年，邓小平指出："为了建设现代化的社会主义强国，任务很多，需要做的事情很多，各种任务之间又有相互依存的关系，如像经济与教育、科学，经济与政治、法律等等，都有相互依存的关系，不能顾此失彼。……各个方面需要综合平衡，不能单打一。"[1]江泽民继承与发展了前两代领导核心协调发展思想，形成了可持续发展的协调发展观念。胡锦涛提出的以"统筹城乡发展、统筹区域发展、统筹经济社会发展、统筹人与自然和谐发展、统筹国内发展和对外开放"[2]的要求推进各项事业的改革和发展的方法论——科学发展观，也是中国共产党的重大战略思想。

党的十八大以来，为了打赢全面建成小康社会的攻坚战，在新局面下实现各方面的平衡协调发展，习近平总书记多次强调协调发展的重要性，要求要学会运用辩证法，善于"弹钢琴"，处理好局部和全局、当前和长远、重点和非重点的关系，着力推动区域协调发展、城乡协调发展、物质文明和精神文明协调发展，推动经济建设和国防建设融合发展。把协调发展既看作发展手段又是发展目标，还是评价发展的标准和尺度，他指出："下好'十三五'

---

[1]《邓小平文选》（第二卷），人民出版社1993年版，第249-250页。
[2]《中共中央关于完善社会主义市场经济体制若干问题的决定》，载《人民日报》，2003年10月22日，第1期。

时期发展的全国一盘棋，协调发展是制胜要诀。"①中央在制定"十三五"规划的建议中首次把"协调发展"写入国民经济和社会发展规划，并明确为"五大发展理念"之一。总体来看，"协调发展理念集中体现了事物联系的普遍性，旨在实现整体功能的最大化；体现了动态发展的世界观，要求以发展的眼光看问题；体现了对立统一规律，要求坚持'两点论'与'重点论'的有机结合；体现了人民性，要求以人民的共同富裕为发展目标，并为人的全面而自由地发展创造条件"②。从协调发展理念的目标导向看，着力于解决发展的不平衡问题，如何实现全面持续整体的发展。从贯彻路径看，协调发展集中体现了系统性思维模式，要求统筹区域城乡，促进经济社会相协调，既重视物质文明发展，又重视精神文明发展，推动社会各个领域的协同共进，具有重大的理论意义。

关于社会规律与自然规律的认识。马克思主义经典作家把自己毕生的心血都倾注于全人类的解放事业中，为实现人自由全面的发展做出不懈努力，特别是遵循自然规律，在实现人与自然和谐发展这条路上，为我们提供了丰富的思想资源。早在《1844年经济学哲学手稿》中，马克思就提出："没有自然界，没有感性的外部世界，工人什么也不能创造。自然界是工人的劳动得以实现、工人的劳动在其中活动、工人的劳动从中生产出和借以生产出自己的产品的材料。"③马克思在揭露异化劳动本质的同时也谈到了人与自然的关系问题，马克思认为，人与自然界的关系是相互依存的关系，人依附于自然界，如果没有自然界提供人赖以生存的生活资料，那么人将一无所获。人是处于自然界中的生命体，人的自然肌体需要服从生物的发展规律，这是人在自然界得以生存和发展的前提。同时人又是社会的产物，人的生产与活动是具有意识的社会活动，"它认为只是自然界作用于人，只是自然条件到处决

---

① 《当好全国改革开放排头兵　不断提高城市核心竞争力》，载《人民日报》，2014年5月25日，第1版。
② 金璐、徐锋：《协调发展理念的哲学意蕴》，载《思想政治课研究》，2017年第4期，第18-21页。
③ 《马克思恩格斯文集》（第一卷），人民出版社2009年版，第158页。

定人的历史发展，它忘记了人也反作用于自然界，改变自然界，为自己创造新的生存条件"①。此外，马克思还在手稿中将人与自然的关系同动物与自然的关系做出了区别，指出动物是无意识的存在物，动物只能出于本能一味地顺应自然，而人则不同，人具有自由有意识活动的类特性，这就说明，自然界只是人存在的外部条件，人类可以充分发挥主观能动性，利用自然规律来改造自然，以获取人类自身发展所需要的生产生活资料。恩格斯在《自然辩证法中》批评指正了一些自然科学家在对待自然作用与人的观点的片面性，同时也强调了人的社会属性。正是人的这种社会属性，才使人产生出征服自然、改造自然的欲望，但人的主观能动性不能任意发挥，如果不对其加以约束，就会适得其反。恩格斯说："我们不要过分陶醉于我们人类对自然界的胜利，对于每一次这样的胜利，自然界都对我们进行报复。"②可见，倡导人类追求人与自然和谐相处，维持自然界的生态平衡，对自然进行合理的开发和利用能够实现人类的发展，过度地征服自然一定会受到自然的"报复"。

中国共产党自1921年成立以来，就把实现共产主义作为自己的奋斗目标，把马克思列宁主义作为自己的指导思想。新时代形成的绿色发展理念着眼于把握新时期中国经济社会发展的规律和生态文明建设的规律，着眼于破解新阶段中国发展的资源环境瓶颈制约，着眼于推进新起点中国发展的崭新格局，体现了实事求是、解放思想、与时俱进的理论品质。从绿色发展理念的形成和发展史来看，从新中国成立到社会主义制度的确立再到改革开放局面的展开，直到中国特色社会主义进入新时代，它先后经历了四次历史性飞跃：第一次历史性飞跃是从绿化运动到环境保护基本国策；第二次历史性飞跃是从环境保护基本国策到可持续发展战略；第三次历史性飞跃是从可持续

---

① 《马克思恩格斯文集》（第九卷），人民出版社2009年版，第483-484页。
② 《马克思恩格斯文集》（第九卷），人民出版社2009年版，第559-560页。

发展战略到生态文明建设；第四次历史性飞跃是从生态文明建设到绿色发展理念。尤其是改革开放初期，一方面工作重心转移到经济发展，另一方面大力加强生态文明建设，直到上世纪末，党中央开始把生态环境问题当作重大民生问题来看待，指出："环境问题直接关系到人民群众的正常生活和身心健康"①，"广大干部群众都要提高环境意识，积极参与环境保护"。新世纪以来，党的十六届三中全会完整地提出了科学发展观，党的十七大首次提出"建设社会主义生态文明"，特别强调"必须把建设资源节约型、环境友好型社会放在工业化、现代化发展的突出位置，落实到每个单位、每个家庭、每个个人"②，蕴含着绿色发展理念的基本思想。

党的十八大以来，习近平总书记多次强调："建设生态文明是关系人民福祉、关乎民族未来的大计，是实现中华民族伟大复兴中国梦的重要内容。"提出"我们既要绿水青山，也要金山银山。宁要绿水青山，不要金山银山，而且绿水青山就是金山银山"。③这生动形象地表达了党和政府大力推进生态文明建设的鲜明态度和坚定决心，传递了新时代经济社会发展的绿色理念。要按照尊重自然、顺应自然、保护自然的理念，贯彻节约资源和保护环境的基本国策，把生态文明建设融入经济建设、政治建设、文化建设、社会建设各方面和全过程，建设美丽中国，努力走向社会主义生态文明新时代。党的十八届五中全会通过的《中共中央关于制定国民经济和社会发展第十三个五年规划的建议》提出：坚持绿色发展，"必须坚持节约资源和环境保护的基本国策，坚持可持续发展，坚定走生产发展、生活富裕、生态良好的文明发展道路，加快建设资源节约型、环境友好型社会，形成人与自然和

---

① 江泽民：《在第四次全国环境保护会议上的讲话》，载《中国环境年鉴（1996）》，中国环境年鉴出版社1996年版，第2页。

② 胡锦涛：《高举中国特色社会主义伟大旗帜　为夺取全面建设小康社会新胜利而奋斗》，载《人民日报》，2007年10月25日，第1版。

③ 习近平：《弘扬人民友谊　共创美好未来》，载《人民日报》，2013年9月8日，第3版。

谐发展现代化建设新格局,推进美丽中国建设,为全球生态安全作出新贡献。"[1]可见,绿色发展理念既是对人与自然不和谐问题的回应,是实现人与自然和谐的一种必然选择,又是一种历史的选择,是以往人与自然和谐理论的升华与发展。

关于普遍联系和世界历史观点的认识。一方面,马克思关于整个世界是相互联系的统一整体的思想启示我们,不能"关起门"来谈发展,而是要不断融入世界经济体系。另一方面,马克思的"世界历史"理论是开放发展理念的重要理论基础。"世界历史"理论不是泛指一般意义上的人类的历史发展过程,而是相对于相互分裂的民族历史与地域历史而言的,是指各民族、国家由于普遍交往,整个世界开始形成相互依存的统一的历史,即世界整体化的历史。

早在中华人民共和国成立前夕,毛泽东就向全世界声明:中国人民愿意同世界各国人民实行友好合作,恢复和发展国际间的通商事业,以利发展生产和繁荣经济。中华人民共和国成立之后,毛泽东依据社会主义和资本主义两个阵营的划分,确定了"一边倒"的对外开放方针,其实质就是加入了社会主义全球化的进程。这一决策,在当时对于中国学习苏联社会主义建设经验、获得苏联经济援助、迅速打开外交局面、赢得和平发展环境等,都产生了积极影响。

改革开放之后,党中央的工作重心转移到社会主义现代化建设上来。邓小平就如何才能使中国的社会生产力得到较快发展这一问题做出了自己的理论回答,即实行改革开放。作为改革开放的总设计师,邓小平对社会主义改革开放的性质、内容、方针、原则等做了科学的阐述。在此基础上创造性地提出了在社会主义国家建立"经济特区"和根据我国国情实行"一国两制"

---

[1] 《中共中央关于制定国民经济和社会发展第十三个五年规划的建议》,载《人民日报》,2015年11月4日,第1版。

的设想,并将改革开放确定为我国的国策,大胆实践,首先提出现在的世界是开放的世界的论断,认为"现在的世界是开放的世界","中国的发展离不开世界"。他认为世界在变,人们的思想不能不变,提出了"全方位对外开放"的理论,创建了中国特色社会主义对外开放体系,为社会主义现代化建设的顺利推进奠定了理论基石。江泽民创造性地回答了新世纪如何将改革开放进一步推向深入的问题,把社会主义市场经济体制从构想变为现实,实现全方位、多层次、宽领域的对外开放新格局,这样的思想认识顺应了经济全球化的潮流,顺应了中国加入世界贸易组织后的形势,它的提出对于我国新世纪经济的发展、对外开放的扩大有十分重要的意义。党的十六大以后,胡锦涛强调:"中国未来的发展也必须靠改革开放",必须"实行更加积极主动的开放战略,完善互利共赢、多元平衡、安全高效的开放型经济体系"[1]。

党的十八大形成了以习近平同志为核心的党中央,也标志着我国对外开放进入一个新时代。习近平开放发展理念,主要蕴含在十八大以来习近平总书记关于开放发展的新论述中。习近平总书记强调:"改革开放只有进行时、没有完成时","以开放促改革、促发展,是我国改革发展的成功实践","改革开放是中国的基本国策,也是今后推动中国发展的根本动力"[2]。"经过30多年的改革开放,我国经济正在实行从引进来到引进来和走出去并重的重大转变,已经出现了市场、资源能源、投资'三头'对外深度融合的新局面。只有坚持对外开放,深度融入世界经济,才能实现可持续发展。"[3]习近平总书记先后提出了不断完善对外开放新体制,推进"一带一路"建设,积极参与全球经济治理,勇于承担国际责任义务,构建人类命运

---

[1] 胡锦涛:《高举中国特色社会主义伟大旗帜 为夺取全面建设小康社会新胜利而奋斗》,载《人民日报》,2007年10月25日,第1版。

[2] 《习近平同美国总统奥巴马举行会谈》,载《人民日报》,2015年9月26日,第1版。

[3] 《加快推进丝绸之路经济带和二十一世纪海上丝绸之路建设》,载《人民日报》,2014年11月7日,第1版。

共同体等重要思想。

关于社会主义本质规律的认识。从社会主义从空想到科学的发展历程来看,其实早在科学社会主义理论成型之前,空想社会主义流派代表人物如法国的巴贝夫、布朗基和德国的魏特林等,就提出过以"共有共享"为标志的平均共产主义,但是他们却忽视了"有组织的"生产这个重要的前提,因而陷入了绝对平均主义和无限自由之中,而只能成为"空洞无耻的把戏",不可能解放人类。马克思恩格斯在批判与借鉴中,深化了对共产主义本质的科学认识,也为科学社会主义的诞生奠定了理论基础。

考察马克思主义的发展观,我们发现共享发展理念至少蕴含着价值层面的共识内涵、生产力层面的共建要求和分配领域的共享要求,是社会主义发展理念和本质的回归与创新。共享是中国特色社会主义的本质要求,也是社会主义的本质要求,这从马克思主义理论演进的历程中也能得到印证。马克思在对未来社会进行构想的时候,有这样一段经典的描述:"代替那存在着阶级和阶级对立的资产阶级旧社会的,将是这样一个联合体,在那里,每个人的自由发展是一切人的自由发展的条件。"[1]马克思所说的"每个人的自由发展是一切人的自由发展的条件"体现了共享发展的核心要求和理想状态。恩格斯认为理想的共享发展状态,是一种"由社会全体成员""共同地和有计划地利用生产力","把生产发展到能够满足所有人的需要的规模","所有人共同享受大家创造出来的福利","保证每一个人一切合理的需要不断得到满足","使社会全体成员的才能得到全面发展"[2]的发展模式。其中,"组织生产""每一个人""一切合理的需要""不断得到满足"等表达正是共建共享、全民共享、全面共享和渐进共享的时代内涵的理论来源。

中国共产党历届领导集体很好地继承和发展了社会主义本质理论,蕴含

---

[1]《马克思恩格斯文集》(第二卷),人民出版社2009年版,第53页。
[2]《马克思恩格斯文集》(第一卷),人民出版社2009年版,第689页。

着共享发展的思想元素。比如，毛泽东提出了"由新民主主义社会进到社会主义社会和共产主义社会，消灭阶级和实现大同"①的构想。中华人民共和国成立后，毛泽东曾在设计新中国的各项制度时说："现在我们实行这么一种制度，这么一种计划，是可以一年一年走向更富更强的，一年一年可以看到更富更强些。而这个富，是共同的富，这个强，是共同的强，大家都有份，也包括地主阶级。"②改革开放之后，邓小平总结社会主义建设经验教训，依据时代任务和人民要求，丰富发展了共享发展、共同富裕的内涵，他说："社会主义不是少数人富起来、大多数人穷，不是那个样子。社会主义最大的优越性就是共同富裕，这是体现社会主义本质的一个东西"③，"是社会主义制度不能动摇的原则"④，并提出了社会主义本质的完整表达。邓小平还尝试推行和真正支配根据科学原则进行产品的社会生产和分配，确保共建共享的社会主义本质不走样，使所有劳动者都能过上"最美好""最幸福"的生活，最终实现共同富裕的目标。后来，江泽民说："实现共同富裕是社会主义的根本原则和本质特征，绝不能动摇。"⑤并且提出："在整个改革开放和现代化建设的过程中，都要努力使工人、农民、知识分子和其他群众共同享受到经济社会发展的成果。"⑥胡锦涛则完整提出了"全体人民共享成果、全体人民共同富裕"⑦的思想，深化了对社会主义本质的认识，提出了共享发展成果的科学命题。

进入新时代，以习近平同志为核心的党中央践行"以人民为中心"的发展思想，在彰显社会主义本质，推动实现共享发展、共同富裕目标方面取得

---

① 《毛泽东选集》（第四卷），人民出版社1991年版，第1476页。
② 《毛泽东文集》（第六卷），人民出版社1999年版，第495页。
③ 《邓小平文选》（第三卷），人民出版社1993年版，第364页。
④ 《邓小平年谱（1975—1997）》（下），中央文献出版社2004年版，第1253页。
⑤ 《江泽民文选》（第一卷），人民出版社2006年版，第466页。
⑥ 《江泽民文选》（第二卷），人民出版社2006年版，第262页。
⑦ 中共中央文献研究室编：《十七大以来重要文献选编》（上），中央文献出版社2009年版，第12页。

了重大理论和实践成果。习近平明确提出:"共享是中国特色社会主义的本质要求",共享理念实质是坚持以人民为中心的发展思想,体现的是逐步实现共同富裕的要求,进一步丰富发展了社会主义本质的内涵。习近平认为共享不仅体现在发展成果方面,而且应该把"共享"作为发展理念,寓于发展方向、发展方式、发展路径、发展格局、发展目标等各层面、各环节、全过程,并在实践中总结提出了"以人民为中心""人人参与、人人尽力、人人享有""全民共享、全面共享、共建共享、渐进共享"的共享发展基本内涵。强调要不断把"蛋糕"做大,同时把不断做大的"蛋糕"分好,让社会主义制度的优越性得到更充分体现,让人民群众有更多获得感。

三、新发展理念的意义

以创新、协调、绿色、开放、共享为核心内容的新发展理念,它是管全局、管根本、管长远的导向,具有战略性、纲领性、引领性,是关系着国家发展全局的一场深刻改革。

新发展理念集中反映了中国共产党对人类社会发展规律认识的深化。改革开放40年以来,党总是站在历史的高度,根据时代变化和发展形势,提出不同的发展理论和发展理念,为国家的发展全局提供战略指导。十一届三中全会以来,以邓小平为核心的党中央领导集体提出了社会主义初级阶段的基本路线就是要以经济建设为中心,坚持四项基本原则,坚持改革开放,自力更生,艰苦奋斗,为把我国建设成为富强、民主、文明、和谐的社会主义现代化强国而奋斗。在此后的南方谈话中,邓小平又提出了关于发展的重要命题:发展才是硬道理,只有发展才是解决发展过程中存在问题的关键。十三届四中全会以来,以江泽民为核心的中央领导集体基于世界发展实践、中国发展现状及党内发展概况提出了始终代表中国先进生产力的发展要求、始终代表中国先进文化的前进方向、始终代表中国最广大人民的根本利益的"三个代表"重要思想,把发展作为党执政兴国的第一要务,集中体现了新时期的发展理念。十六大以来,以胡锦涛为核心的中央领导集体总结了中国的发展实践和发展经验,结合世界发展现状提出了科学发展观,即第一要义是发展、核心是以人为本、基本要求是全面协调可持续、根本方法是统筹兼顾,这是对发展的科学认识,并实现了发展的四位一体到五位一体的转变,发展更加全面化。十八大以来,以习近平同志为核心的党中央基于中国自身发展需要和世界发展形势提出了具有鲜明中国特色又蕴含世界人类共同价值追求的创新、协调、绿色、开放、共享的新发展理念,这实现了关于发展理论的新跨越。从发展才是硬道理、发展是党执政兴国的第一要务、科学发展观,到新发展理念,党在不同时期对发展的认识都有着不同的发展理念。包括发展动力、发展目的、发展价值、发展方向、发展方法在内的新发展理念体现了新发展阶段基本特征的深刻把握,是站在时代的高度上为针对发展新常态而提出的发展理念,它的存在为国家继续发展提供了战略指引。

新发展理念是基于国家发展需要和世界发展形势所提的策略。就世界而言,2008年的金融危机虽已经过去10年,但是全球经济仍旧处在低迷期,世界秩序和世界格局都处在深刻的变化之中,新一轮的全球化也在如火如荼地进行中。新全球化时代的到来让以美国为首的西方发达国家逐渐意识到,尽管他们仍旧是新一轮全球化的受益者,广大发展中国家也同样从中受益,而且这种趋势不断地深化,这对于西方发达国家而言,削弱了他们在全球化中的主导权和合法性地位,因此要扭转这种局势,重塑全球化的西方化。西方发达国家的逆全球化、去全球化、反全球化思潮此起彼伏,这违背全球化普惠的发展目标,与全球化所倡导的价值相悖,不利于全球化的良态发展,更不利于人类社会的发展,必须寻求新的发展理念以推动新全球化的发展。在各个国家不断地思考探索时,新发展理念不失为中国贡献给世界的一种可行性策略。就中国而言,新发展理念是针对当前中国发展的新常态,避免进入中等收入陷阱以及发展中存在的诸多发展矛盾和问题而提出的具有鲜明中国特色和时代发展战略的新理念,为国家的发展提供战略指引。当前的中国发展总体上水平还不是很高,存在创新不足、发展不协调、环境污染及生态破坏、国内外发展联动性不够、发展成果分配缺乏公平正义等问题,这给国家深层次发展带来很大的阻碍,必须树立新的发展理念以引领发展的健康良态方向。为此,党的十八届五中全会报告中所提出的以创新、协调、绿色、开放、共享为核心内容的新发展理念就是针对当下中国的发展实践和发展经验教训提出的,囊括了发展的各个方面,开拓发展新局面,推动着国家发展的全局,为引领发展提供新策略。

新发展理念是党站在历史的高度、总结发展经验和教训而提出破解难题、根植优势发展的新理念,具有管全局、管根本、管长远、补短板的优势,关系着国家发展全局的深刻变革。具体到管全局,是指新发展理念囊括了发展因素的基本构成:创新是发展的动力,着力解决发展动力问题;协调是发展的方法,着力解决发展平衡性问题;绿色是发展的方向,着力解决发展中的人与自然问题;开放是发展的策略,着力解决发展的国内外联动性问题;共享是发展的目的,着力解决发展的分配公平正义性问题。创新、协调、绿色、开放、共享的新发展理念包含了发展的动力、发展的方法、发展的方向、发展的战略、发展的目的等发展全局性内容。具体到管根本,是指新发展理念从根本上反映了人类社会发展规律、社会主义本质规律、自然发展规律、世界历史发展规律及经济发展规律。创新发展理念强调发展的动力问题,认为创新是经济社会发展的第一动力,反映了经济发展规律;协调发展理念强调了发展的协调性问题,认为协调是发展方法,反映了人类社会发展规律;绿色发展理念强调了发展的方向性,实现发展的生态性,反映了人与自然和谐发展的自然发展规律;开放发展理念强调发展的国内外联动性,必须处理好发展的国内外关系,反映了世界历史发展规律;共享发展理念强调发展的目的性,认为发展是人人参与、人人尽心、人人共享的过程,反映了社会主义以人为本的本质规律。具体到管长远,是指新发展理念的长期性、可持续性。以创新、协调、绿色、开放、共享为核心内容的新发展理念不仅是对当前我国自身发展需要和世界发展形势具有很强的现实针对性的发展理念，也是关系到国家未来发展的长期性的导向，具有可持续性。具体到补短板，是指国家实现两个百年目标进程中存在的矛盾和问题。当前我国的主要任务就是要实现两个百年目标，但是在实现的过程中出现了很多矛盾和问题，具体表现在于：一是国家发展的总体水平不高，创新能力不足，发展动力受阻，成为实现两个百年目标的首要短板；二是发展过程中出现的区域之间、城乡之间、贫富之间等多领域、多层面上的不协调，成为实现两个百年目标中的第二个发展短板，必须扭转这种畸形式发展，树立整体性思维和全面观，协调好各种关系，解决发展中失衡性问题；三是实现两个百年目标过程中存在的环境污染、生态破坏等环境问题较为严峻，威胁着人类的生存与发展，成为发展过程中的短板，绿色发展理念的提出为生产发展、生活富裕、生态文明起到了引领作用；四是世界是开放的世界，中国的发展离不开世界，世界的发展需要中国，目前国家走出去和引进来的程度还不够高，共赢合作式的开放格局尚未真正构建起来，国内外联动有待提高，这是影响发展和两个百年目标的重要短板之一；五是发展过程中人与发展之间的矛盾，成为实现两个百年目标中的又一短板，共享强调的是发展成果分配问题，体现着社会公平正义问题。人是发展的主体，发展成果应该由人人共享，而现实中却出现了分配不均、公平正义缺失的现象，必须努力做到机会公平、分配公平、结果公平，才是发展的目的所在。

第五章 新发展理念的具体分析

中国理念 CHINA IDEA

创新、协调、绿色、开放、共享的新发展理念是在总结国内外发展经验的基础上把握国内外发展形势所提出的时代化理念，具有中国特色也蕴含世界内容。理念是行动的向导，新发展理念的提出为我国实现"十三五"规划目标、推动全面建成小康社会、强化科学发展观、解决发展中问题、做好四个全面发展布局都有着极为重要的导向作用。树立和落实新发展理念关系着我国发展的深刻改革，必须全面地、多角度地理解新发展理念的科学内涵，具体分析新发展理念的内在构成要素内容，进而掌握新发展理念的科学理论体系。

一、创新是发展的价值动力

新发展理念是一个有机整体，内在要素之间又是相互依存、互相融合的关系，关系着国家发展的全局，其中创新是发展的价值动力，协调是发展的价值方式，绿色是发展的价值保障，开放是发展的价值场域，共享是发展的价值目标。新发展理念将创新放在首位，反映了创新的重要性及当前国家发展过程中面临的核心问题。

（一）创新发展的基本内涵和价值

坚持创新发展，就必须理解创新发展的基本内涵。党中央在规制"十三五"规划的建议中提出的以创新、协调、绿色、开放、共享为核心的新发展理念，具有管全局、管长远、管根本的战略导向性，其中创新发展被放在了国家发展全局的核心地位。以创新发展理念为首的新发展理念是时代化的选择，为国家实现全面建成小康社会、实现两个百年目标、构建富强民主文明和谐的社会主义现代化国家提供了强大的动力支撑。

创新一词并不陌生，它在经济学上最早由美籍经济学家熊彼特在其所著的《经济发展概论》一书中提出："创新是指把一种新的生产要素和生产条件的新结合引入生产体系。它包括五种情况：引入一种新产品，引入一种新的生产方法，开辟一个新的市场获得原材料或半成品的一种新的供应来源，新的组织形式。"熊彼特关于创新的概念涉及面很广，既有技术创新又有组织创新。

中国共产党关于创新发展的认识有着很长的历史过程。作为新发展理念的重要内容之一，创新发展有着丰富的内涵，它"是引领发展的第一动力。……树立创新发展理念，就必须把创新摆在国家发展全局的核心位置，不断推进理论创新、制度创新、科技创新、文化创新等各个方面创新，让创新贯穿党和国家一切工作，让创新在全社会蔚然成风"①。创新发展的实质在于解决发展的动力问题，做到创新是发展的第一动力，只有坚持创新发展才能为发展全局提供强劲的动力源泉，这也是将创新发展放在国家发展全局的核心地位的根源所在。同样，创新发展也包括多领域的创新，主要涉及理论创新、制度创新、科技创新、文化创新，其中理论创新是创新实践的先导，是一切创新活动的前提和基础；制度创新是促进创新活动顺利进行的保障，激发创新主体的活力；科技创新是创新发展的重要核心，科学技术是发展的第一生产力，强化科技创新才能拉动生产力的发展，必须推动科技创新的引领作用；文化创新为创新活动提供智力支撑、思想引导，强化各种创新活动的内在涵养。创新发展还需要实干，需要创新主体的积极参与，国家的创新才会继续。

创新是发展的不竭动力，是党和国家永葆青春的活力源泉，更是国家发展的第一动力，关系着我国发展全局的根本举措，具有重要的现实意义。一是创新发展有助于缓解资源的有限性和需求的无限性之间的矛盾。随着人口的不断增加，资源的利用也越来越多，资源具有不可再生性特征，人类的无限性需求和资源的有限性就成了无法调和的矛盾，而且这种矛盾也在不断地升级。为了满足人类对资源的无限追求，必须开拓新的资源和能源进行替

---

① 中共中央宣传部：《习近平总书记系列重要讲话读本（2016年版）》，人民出版社2016年版，第133页。

代，而这种替代更多的需要创造，创造则立足于方式的创新，尤其是科技创新。随着科技的发展，很多替代性新能源被开发出来，极大地缓解了人类需求的无限性和资源的有限性之间的矛盾，为人类的生存与发展开辟了新路径。当前中国与发达国家相比较，创新能力不足，尤其是具有国际竞争力的科技创新，以及创新体系构建不完备等问题依旧存在，中国共产党将创新发展纳入新发展理念，并将创新发展放在国家发展全局的核心位置，足以反映国家对创新的重视。二是创新发展是顺应时代发展潮流的必然选择。中国虽然在改革开放40年来取得很大的成绩，不论是综合国力还是国际影响都有了质的提升，但是中国的发展总水平还是不高，创新能力依旧不足。随着新一轮全球化的进行，国际间的竞争更加激烈，一个国家要想屹立于世界民族之林，创新是根本之策。世界各国也都在部署国家的创新战略，占据市场，推动科技创新。党在十八届五中全会中提出的创新发展既是基于中国自身发展需要所制定的战略，更是顺应世界创新潮流、时代化的选择，将创新放在国家发展全局的核心地位是国家的战略抉择，是打好创新战的决心与信心。三是创新发展在维护国家长治久安、永续发展层面有着重要的战略意义。创新是发展的第一动力，一个国家之所以要创新，其原因就在于此。世界的竞争归根结底在于创新之争，全球国家争先恐后地投入到国家创新之中，谁掌握高层次的创新能力，谁就拥有先进科学技术，谁就能在世界全球化浪潮中独占鳌头，永续发展，因此必须要树立并坚持创新发展理念，推动国家完成全面建成小康社会、实现两个百年目标、构建富强民主文明和谐的社会主义现代化国家。

（二）创新发展面临的现实问题

创新发展是针对国家发展新常态下遇到的发展动力问题所提出来的决策，其根源在于国家的结构性矛盾，这是国家提出创新发展的动因所在。

1. 需求侧结构出现倾斜。国家经济结构的矛盾多出现在需求侧结构和供给侧结构之间的关系协调方面。多年以来，国家将重要的关注点集中于需求侧结构的调整与发展之上，这也是国家发展与世界形势演化的产物。所谓的需求侧是指为了满足生产资料和生活资料的需求而进行的消费，需求侧结构则表现在投资、消费、出口这三驾马车所带动的劳动经济的增长比例。随着近些年来政府投资集中在很多大型基础项目的建设上，国家采购费用也是急速增长，成为继投资、出口与消费三驾马车之后的又一驾马车，影响着国家的整体需求结构变化。然而，由于这几年国家发展进入新常态，与之前的政府采购相比较而言，当下的采购数额快速减少，投资、消费、出口及政府采购之间出现了倾斜，国家的投资重点也发生了很大的变化：投资率过高且投资偏重于高消耗产业，据数据显示："2014年中国消费率仅为51.2%，比改革开放初期1983年的67.4%低16.2个百分点，比2000年的63.7%低12.5个百分点。与此同时，投资率仍然高达46.1%，比1983年的31.7%高14.4个百分点，比2000年的33.9%高出12.2个百分点。"[1]可见，国家需求侧结构中的投资与消费、投资与资源、投资与环境以及投资与社会之间都是不协调发展的，存在着诸多复杂的矛盾和问题。首先，就投资与消费而言，投资率居高不下，消费拉动不足，出现的投资与消费之间关系的长期失衡，城乡收入和财富分配极不协调，尽管高投资使经济在短时期内得到高速发展，但是由于缺乏内需的刺激和驱动，导致经济发展的长期持续性和稳定性不足，带来了供过于求的现象，并且伴随着物价上涨、通货膨胀。从长期来看，投资与消费之间的不协调会影响经济的可持续发展。其次，就投资与资源而言，当前的经济增长主要依靠投资、消费、出口这三驾马车的联合拉动，其发展模式为以资源、能源、劳动力的高投入为主的粗放型经济，高投资率所带来的直接后果就是资源的高消耗，这与资源的有限性相矛盾，如果不改变这种投资

---

[1] 中央党校哲学教研部：《五大发展理念——创新 协调 绿色 开放 共享》，中共中央党校出版社2016年版，第116页。

模式,发展必将受资源短缺所限。再次,就投资与环境之间的关系而言,尽管国家在十八大以来强调转变发展方式,倡导集约式发展,但是国家在需求侧仍旧是高投入、高消耗、高污染的粗放型经济发展模式,威胁人类生存和发展的环境污染和生态破坏等问题日益突出。最后,就投资与社会关系而言,在社会资本总量一定的前提下,高投资与低消费是相关的,势必影响人民的整体生活水平,所导致的结果就是国内需求缩减,影响其他经济要素的配置与投入,不利于需求结构的平衡。

2. 供给侧结构创新力不足。经济结构除了受需求结构的影响,还依赖于供给侧结构的协调性发展。近些年以来,国家高度重视需求侧结构的调整,随着需求侧结构的倾向性发展,以投资、消费、出口及政府采购为核心内容的内部要素之间的不协调性发展,让当前的经济发展难以持续性进行,出现了很多与需求侧结构相关的问题,经济发展缺乏活力支撑,必须实现创新发展,推动供给侧结构的改革,激发发展活力。供给侧结构创新力不足主要表现在以下几个方面:一是科学技术供给力度不足,高技术产业缺乏技术支撑。西方发达国家一直引领着全球先进科技的发展潮流,中国作为发展中国家,在科学技术创新、基础创新、创新科研体系及队伍建设层面都有所欠缺,创新是发展的第一动力,技术创新又占据着创新中的核心地位,没有技术创新就很难对高新技术产业起到引领作用,这是供给侧创新力不足的首要表现。二是第一产业、第二产业、第三产业结构上的比例分配不协调。由于高新技术的创新力度不够,高新技术转化为生产力的能力势必匮乏,这对经济的支撑、效率的提高、发展的趋势都是极为不利的。随着经济与社会的发展,第三产业在产业结构中所占的比重越来越大。服务行业是判断一个国家发展程度的重要指标,我国第三产业占国内生产总值由2001年的40.5%发展到2008年的41.8%,7年间增长了1.3个百分点,这反映了第三产业在这7年间并没有得到很大的拓展,其中重要的原因就在于缺乏产业创新。第三产业多为服务业,急需创新的支撑才能扩展行业的发展,尽管2014年第三产业达到国民生产总值的48.0%，2018年达到52.2%，但是这个比例与发达国家相比还相差甚远，还需要更多的努力。目前国家想要拉动经济与社会的发展，就必须协调好需求侧结构和供给侧结构的合理配置，尤其是供给侧结构的改革，只有从根本上解决发展结构问题，才能促进发展的协调性推动。

3. 权力结构失衡化发展。目前与需求侧结构和供给侧结构紧密联系的就是政府的宏观调控。政府作为一只有形的手，会针对经济运行过程中遇到的问题出台相应的方针、政策，以弥补市场作为资源配置方式的缺陷。当下国家因为需求侧结构的失衡和供给侧结构创新力度不够，实行供给侧结构的改革，其中一个重要的原因就在于国家的宏观调控，具体表现在政府权力结构的失衡化发展。政府权力结构的失衡化发展导致大量的资源流入投资领域而不是用于拉动内需，进而导致消费力不足，出现消费与投资的巨大落差。因此必须要优化政府权力结构，实现政府权力创新发展，真正实现开放型、服务型、创新型政府。

（三）创新发展的实践推进

以习近平为核心的党中央站在时代发展的高度，认真总结国家发展的经验和教训，应对发展新常态，提出了与时俱进的以创新、协调、绿色、开放、共享为内容的新发展理念。新发展理念将创新摆在国家发展的核心位置，这是中国目前发展中存在的创新不足、破除发展难题、根植优势发展的关键抉择，正如《中共中央关于制定国民经济和社会发展第十三个五年规划的建议》所指出："在国际发展竞争日趋激烈和我国发展动力转换的形势下，必须把发展基点放在创新上，形成促进创新的体制架构，塑造更多依靠创新驱动、更多发挥先发优势的引领型发展。"[①]其中关于推进创新发展的现实路

[①]《中共中央关于制定国民经济和社会发展第十三个五年规划的建议》，载《人民日报》，2015年11月4日，第1版。

径主要涉及以下几个方面：一是培养发展新动力。创新是发展的第一动力，在优化劳动力、资本、土地、技术、管理等要素的合理配置的同时，要激发创新创业活力，发展新技术、新产业，创造新需求，培养新动力，实现多种动力共推创新发展。二是拓展发展新空间，形成沿海沿江沿线经济带为主的纵向横向经济轴带，培育壮大若干重点经济区，实施网络强国战略，实施互联网+行动计划，发展分享经济，实施国家大数据战略。三是深入实施创新驱动发展战略，发挥科技创新在全面创新中的引领作用，实施一批国家重点科技项目，在重大创新领域组建一批国家实验室，积极提出并牵头组织国际大科学计划和大科学工程。四是大力推进农业现代化，加快转变农业发展方式，走产出高效、产品安全、资源节约、环境友好的农业现代化道路。五是构建产业新体系，加快建设制造强国，实施工业强基工程，培育一批战略性产业，开展加快发展现代化服务业行动。六是构建发展新体制，加快形成有利于创新发展的市场环境、产权制度、投融资体制、分配制度、人才培养引进使用机制，深化行政管理体制改革，进一步转变政府职能，持续推进简政放权、放管结合、优化服务、提高政府效能、激发市场活力和社会创造力，完善各类国有资产管理体制，建立健全现代化财政制度、税收制度，改革并完善适应现代化金融市场发展的金融监管框架。七是创新和完善宏观调控方式，在区间调控基础上加大定向调控力度，减少政府对价格形成的干预，全面放开竞争性领域商品和服务价格。[1]这些内容从各个方面反映了推动创新的现实路径要求，归纳起来也就是从创新驱动战略、重点破除体制机制障碍、关键在于推动科技创新、培养高科技人才这几个方面进行着手。

---

[1]《中共中央关于制定国民经济和社会发展第十三个五年规划的建议》，载《人民日报》，2015年11月4日，第1版。

二、协调是持续健康发展的内在要求

继创新理念之后,协调发展理念也被纳入到新发展理念的具体内容之中。协调是持续健康发展的内在要求,"坚持协调发展,必须牢牢把握中国特色社会主义事业总体布局,正确处理发展中的重大关系,重点促进城乡区域协调发展,促进经济社会协调发展,促进新型工业化、信息化、城镇化、农业现代化同步发展,在增强国家硬实力的同时注重提升国家软实力,不断增强发展整体性"[①]。

(一)协调发展的基本内涵与精神实质

协调一词,最早见于《东周列国志》中的"凤声与箫声,唱和如一,宫商协调,喤喤盈耳",其意在指万事万物的发展,必须走协调之路,才能和谐顺畅。协调是指为了完成计划和实现目标,对各项工作及各位人员的活动进行调节,使之同步,互为依托,其目的在于减少矛盾,把内耗降到最低程度。协调是发展的价值方式,着重解决发展的平衡性问题。协调发展关系,实现整体性的发展关乎着国家发展全局性,必须牢固树立和坚持协调的发展理念。关于协调发展理念的基本内涵和精神实质,马克思主义经典作家及国家核心领导人在不同的时期、面对不同的发展任务,对协调发展的认识和认知也在不断丰富和发展着,这为新发展理念中的协调发展理念的提出提供了理论上的参考。

马克思、恩格斯作为革命者在深刻剖析资本主义基本制度时发现,资本主义的存在造成了严重的城乡差距问题,"城市已经表明了人口、生产工具、资本、享受和需求的集中这个事实;而在乡村则是完全相反的情况:隔绝和

---

① 《中国共产党第十八届中央委员会第五次全体会议公报》,人民出版社2015年版,第6页。

分散"①，城乡之间的差距造成了城乡群众之间的对立，这给城乡的良态发展带来了极为不利的影响。为了缩小这种隔阂和差距，马克思、恩格斯认为必须大力发展生产力，通过经济发展和生活水平的提高才能实现城乡发展之间的协调性，正如马克思、恩格斯所言："消灭城乡之间的对立，是共同体的首要任务之一，这个条件又取决于许多物质前提"②，强调城乡之间协调性的同时又强化了社会区域之间的协调。除此之外，马克思、恩格斯还强调物质文明和精神文明之间的协调发展，认为物质文明是人类生存和发展、从事其他活动的前提和基础，"人们首先必须吃、喝、住、穿"，然后才能"从事政治、宗教、哲学等等"③，精神文明要以物质文明发展为前提，精神要求要切合物质文明发展的程度，强调两者之间的发展的协调性。

毛泽东同志一直强调政治、经济、文化、军事等领域的一体化建设，构建整体性的发展布局，并在《新民主主义论》中就指出，建设新中国，不但需要新的政治和新的经济，同样还需要新的文化。这种新的政治是由压迫到自由的转变，这种新的经济是由受剥削到繁荣的转变，这种新的文化是由愚昧落后到先进文化的转变，反映了新中国中的政治、经济、文化协调性和一体性的发展。其中，最彰显毛泽东协调发展思想的就是著名的《论十大关系》，该文献中明确提出了要处理好关乎国家发展的十大关系，即重工业、轻工业、农业之间的关系；沿海工业与内地工业之间的关系；经济建设与国防之间的关系；国家、生产单位、生产者之间的关系；中央和地方之间的关系；汉族与少数民族之间的关系；党和非党之间的关系；革命与反革命之间的关系；是非问题之间的关系；国内外之间的关系。

在区域协调方面，邓小平同志深刻认识到新中国成立后实行的均衡化发展政策缺乏必要的区域差异性认知，并指出，在经济政策上，"要允许一部分

---

① 《马克思恩格斯文集》（第一卷），人民出版社2009年版，第556页。
② 《马克思恩格斯文集》（第一卷），人民出版社2009年版，第557页。
③ 《马克思恩格斯文集》（第三卷），人民出版社2009年版，第459页。

地区、一部分企业、一部分工人农民，由于辛勤努力成绩大而收入先多一些，生活好起来。一部分人生活先好起来，就必然产生极大的示范力量，影响左邻右舍，带动其他地区、其他单位的人们向他们学习。这样，就会使整个国民经济不断地波浪式地向前发展，使全国各族人民都能比较快地富裕起来"[1]。与此一脉相承的还有邓小平同志著名的关于共同富裕的两个格局论断：让东部沿海地区先富裕起来，这是一个格局；东部沿海富裕起来后帮助中西部地区发展起来，实现共同富裕，这又是一个格局。这些都是邓小平针对区域性差异所提出的协调性发展政策，以区域带动整体发展，从而实现国家的共同富裕。

随着东中西部经济发展差距的加大，为了扭转这种趋势，以江泽民同志为核心的党的领导集体提出了缩小发展差距、实现东中西部协调发展的重要举措，即西部大开发战略，这个战略旨在创造各种条件强化西部的发展，并且作为长期促进西部发展的区域性战略。除此之外，江泽民同志还提出了政治文明、精神文明、物质文明之间的融合性关系，三者之间相互依存、相互影响，共同发展，缺一不可，必须两手都要抓，两手都要硬，实现社会文明的协调发展。

胡锦涛同志站在历史的高度，吸收并丰富发展了中央领导集体关于国家协调性发展思想，提出了振兴东北老工业基地的区域性发展战略。在西部大开发战略和振兴东北老工业基地战略之后，为了推动中部省份的发展，提出了中部崛起战略，形成了东部优先发展、东北振兴、西部大开发、中部崛起的具有全局性的区域性战略，为中国实现整体性的发展提供了强有力的政策支撑。同时，面对发展中出现的区域之间、城乡之间、贫富之间、人与自然之间、人与社会之间、经济与社会之间的不平衡问题，胡锦涛同志在十六届三中全会上提出了科学发展观，指出发展是第一要义，核心是以人为本，根

---

[1]《邓小平文选》(第三卷)，人民出版社1993年版，第152页。

本要求是全面协调可持续,根本方法是统筹兼顾,强调发展的协调性观念,统筹实现城乡经济的一体化。

当前的发展进入了新常态,国家经济发展已进入了中低速,增长方式发生了转变,全球化进入了新一轮的较量之中,国际发展格局及世界秩序都处在深刻的变革之中,以习近平同志为核心的党中央积极投身于协调发展的实践当中去。其中在区域协调发展方面,继续推进东部优先、西部开发、中部崛起、东北振兴战略,并推进了"一带一路"、长江经济带、京津冀协同发展的三大区域性发展战略,这都是促进区域性发展、实现国家整体繁荣的重大举措。为了更好引领国家健康有序地发展,党的十八届五中全会提出了具有中国特色又蕴含世界意义的以创新、协调、绿色、开放、共享为核心内容的新发展理念,其中协调理念是发展的价值方式。

所谓的协调发展是指发展的各个方面都要相互适应,统筹兼顾发展的重大关系,取长补短、综合平衡,实现国家各区域各领域之间的全面性、整体性发展,必须要树立并坚持全局性思维。协调发展理念的提出是针对当前国家发展中出现的发展不平衡问题,区域之间、城乡之间等领域中出现的较大的差距,人与自然、人与社会、人与人之间关系的不协调,其实质在于强调发展的价值方式、发展的整体性观念,对经济社会的发展具有现实意义:一是协调发展是在吸收中国和世界发展经验和教训的基础上所提出的战略之举,有助于国家避免落入"中等收入陷阱"。协调理念的提出为中国的发展提供了全局性、整体性思维,对缩小城乡差距、促进区域间的协调发展、拉近贫富差距等起着重要的平衡作用。二是协调发展是对马克思主义关于发展规律的深化认识,强化整体性观点。协调强调了各要素之间要统筹兼顾,相互依存,从而构成一个完整的有机体,要树立整体观、全局观,这契合了马克思主义关于发展的规律的整体性思维,深化对发展规划的认识。

（二）我国协调发展中存在的问题

党的十八届五中全会把协调发展理念纳入新发展理念之中，是与当前国家发展中存在诸多失衡性问题密切相关的，主要涉及区域间的不平衡、城乡之间的不平衡、经济社会发展的不平衡、人与自然关系的失调等。

区域间发展的不平衡。按照经济发展水平划分，主要分为东中西部三部分，这就反映了东中西三部在经济发展程度上的差异性。与经济水平发展相适应的就是公共服务的供给配置问题，东部由于占据着有利的地理优势、高水平的经济发展、发达的交通，在公共服务供给和享受的公共资源方面，往往比中西两部要丰富得多。在城市化层面，东部由于率先发展起来，相较之于第一产业、第二产业，东部地区的第三产业较为发达，而中西部的服务业发展相对迟缓，所以在城镇化发展中相对落后。

城乡之间发展的不平衡。与区域间的不平衡相比较而言，城乡之间差距更大，很难在短时间内实现平衡。同时，城乡居民的收入水平也存在很大的差距，由于劳动要素的差异性，城市居民在收入层面，除了按劳动生产要素参与分配，还拥有其他生产要素参与分配，所以在收入上总体比较高。相反，农村发展较为落后，农民只有从事耕种才有收入，尽管外出务工也有收入，但比较微薄，城乡居民之间的收入存在较大差距。在公共卫生层面，城市居民享有更加健全的国家医疗保障，而农村分布较为分散，在医疗卫生资源的享受方面往往欠缺，不够充分。最后就是城乡二元制问题的日益凸显，这是历史遗留问题。尽管国家通过各种途径推进城乡一体化进程，但是二元制所带来的问题仍旧影响着城乡发展的平衡，诸如农民工流入城市所带来的一系列医疗、子女受教育、就业等难题得不到很好的处理，出现很多民生问题。

人与自然关系的失调。改革开放之后，我国的经济飞跃式发展，人民的生活水平也得到了质的提高。发展的同时也带来了污染和生态破坏等环境问题，在寻求"金山"的同时忽略了对绿水青山的保护，而要扭转严峻的环境污染形势，需要大量的资金投入和更多的人力支撑。环境污染不仅是中国问题，也是全球性难题。这种以追求发展而忽视环境问题的发展模式导致了人与自然之间的不协调发展，大自然必然会以它的方式回报人类，威胁人类的生存与发展。因此，必须要处理好人与自然之间的关系，在发展的同时保护环境、维护生态，实现人与自然的和谐发展。

（三）正确把握协调发展中的不平衡性

邓小平同志曾经在强调共同富裕的实现问题上指出，允许一部分人先富裕起来，先富裕的带动后富裕的，最后实现共同富裕，这与辩证地看待发展中存在的不协调问题是一脉相承的，必须要因地制宜、因时而异地看待发展的不平衡性。

辩证地看待国家发展中存在的不平衡性问题。协调发展的着力点在于解决发展的不平衡性，正如马克思主义所言，平衡是相对于不平衡而言的，两者是互为存在的，平衡与不平衡也都是相对的，从平衡到不平衡再到平衡的转变是发展的必然结果。因而要正视发展的不平衡，区域之间及城乡之间由于地理位置、生态环境、自然环境及人文环境等各个方面存在差异性，所导致的结果就是区域之间、城乡之间的不平衡发展，这是客观存在的，必须正视。如同规律是客观的，但我们可以利用规律的客观性充分发挥规律的作用一样的道理，发展的不协调性是客观存在的，不以人的意志为转移的，但是我们要深刻认识到充分利用发展的不协调来实现发展的协调，将一切消极因素化为积极因素，推动强势地区优先发展，树立发展模范基地，调动欠发达区域的发展积极性，让率先发展的区域和后起的区域齐头并进。某种程度上而言，不协调也是有其积极意义。

协调发展的实现是一个逐步推进的历史过程。中国特色社会主义发展规律的展开需要一个很长的时间，人们对规律的认识也需要一个长久的过程。

发展亦如此，由不协调到协调的转变更是需要一个渐变的过程。

三、绿色是永续发展的必要条件

党的十八届五中全会将绿色纳入了新发展理念的具体内容之中，强调绿色发展的重要性。绿色发展主要是针对当前严峻的环境污染和生态破坏所提出的应对之策。环境问题不仅是发展的遗留问题，更是威胁人类生存与发展的全球性难题。绿色是发展的价值保障，必须树立和坚持绿色发展理念，协调处理好人与自然、自然与社会、经济与社会等领域之间的关系，为实现国家富强、社会繁荣、人民幸福提供强有力的方向保障。

（一）绿色发展的基本内涵与价值要求

绿色发展理念是中国乃至世界应对环境问题和生态维护问题的必然选择，它的提出有着丰富的内涵和价值要求。

绿色发展最早是英国经济学家大卫·皮尔斯于1989年在其著作《绿色经济蓝图》中提出的，力图追求一种可承受的经济模式。绿色发展是指应对国际国内经济形势和资源缓解的挑战，以绿色创新为桥梁，以绿色经济为核心，依靠科技进步，追求资源缓解绩效，倡导绿色生活，健全生态文明制度体系，使蓝天常在、青山常在、绿水常在，其实质是一种符合生态文明要求的新的经济社会发展方式和发展过程。党的十八届五中全会站在时代和历史发展的高度，将绿色发展作为新发展理念的核心要素之一，并指出："绿色发展就是要发展环境友好型产业，降低能耗和物耗，保护和修复生态环境、发展循环经济和低碳技术，使经济社会发展与自然发展相协调。"[1]绿色发展既

---

[1] 胡锦涛：《在中国科学院第十五次院士大会、中国工程院第十次院士大会上的讲话》，载《光明日报》，2010年6月8日，第2版。

要求保护和修复生态环境，也强调了绿色发展的资源能源利用技术的改善，以此做到人与自然关系的和谐共生。具体而言，绿色发展的第一要义就是要实现经济社会发展与自然的和谐共生性，正确处理人与自然的关系、自然与经济社会发展的关系，从根本上解决人与自然之间关系的失衡问题；绿色发展的动力在于改善与创新资源能源的利用技术，资源与能源是有限的，而人类的发展需求是无限的，资源能源的有限性与人类需求的无限性之间矛盾需要通过改善和创新资源能源的利用技术来解决，比如提高资源能源的使用率或者大力开发替代新能源，以满足人类经济与社会发展的需求。绿色发展的实质在于转变国家传统经济发展方式，要求发展的节约、低碳、清洁、可持续性，推动发展平衡性、循环性。

绿色是发展的价值保障，也是未来发展的方向，更是实现可持续发展的支撑，必须坚持和发展绿色发展，其价值要求在于一是要坚持以人为本的价值取向，人是发展的主体，发展要实现人人参与、人人尽心、人人共享发展成果，所谓的绿色发展中的以人为本必须要处理人与自然以及人与人之间的关系，在推动经济社会发展的同时要合理利用资源能源、保护环境、维护生态平衡，建设资源节约型和环境友好型社会，实现人与自然、人与人之间的和谐共生关系。二是要统筹兼顾经济效益与生态效益。绿色发展理念旨在改善资源能源的利用技术的基础上，在获取经济效益的同时要维护和修复生态环境和生态破坏等问题，既要发展中的金山银山也要发展中的碧水青山，坚决不以牺牲生态环境为代价。

（二）我国绿色发展中存在的问题

当前中国面临很严峻的诸如环境污染、生态破坏等环境问题和生态问题。改革开放40年来，中国的经济与社会发展都取得了举世瞩目的成绩，但是发展成本也是巨大的，"金山银山"和"绿水青山"难以兼得，环境问题已经成为国家当前乃至未来必须面对与规划的长期课题。绿色发展理念的提出适应了改善环境质量、维护生态平衡的时代需要。

严峻的环境形势。新中国是在经济与社会发展水平较为落后的形势下成立起来的,一穷二白的发展状况让中国在提高综合国力的时候选择化消极因素为积极因素,调动一切积极因素投入到生产力发展之中,经过了改革开放40年的努力实现了经济上的腾飞,国家实力和国际影响力也得到了质的飞跃。但是伴随着经济的飞速发展,生态环境遭到了严重的污染与破坏,诸如气候变化、资源枯竭、人口膨胀以及生物多样化的减少,严重影响了人类的生存与发展,也成为可持续发展的桎梏。实现国家全面可持续发展,就必须重视生态环境问题,必须走绿色健康发展之路。

高投入、高消耗、低收益的增长方式。传统经济发展方式主要是依靠巨大的劳动力、能源的投入,这种粗放型的经济增长方式不仅造成了严重的资源浪费,也让生态环境遭到了污染和破坏。因此,现阶段必须转变经济发展方式,实现集约型经济发展,由依靠大量的劳力、能源及燃料的投入转为依靠人力资源、先进科技及管理;由依靠消费、投资及出口转变为拉动国内消费的经济发展方式;由依靠第一产业及第二产业转变为依靠第一产业、第二产业及第三产业联合推动经济发展。这也是当前国家转变经济发展方式、提高经济增长效率的重要途径,要求发展的可持续性,必须要走绿色发展之路。只有强调发展的绿色性、健康性,才符合国家转变发展战略的根本要义。

经济效益与生态环境失衡。环境问题的出现,其根源在于片面追求生产力的大发展,其实质在于人与自然关系的失衡。人在推动经济与社会发展中极力追求经济效益、社会效益及个人利益而忽视了环境,出现了生态环境破坏及环境污染等问题,也是这种不协调、不平衡、不充分发展的结果,而且这种生态环境问题已经严重影响了人类的生存与发展。因此必须强化人与自然之间的和谐关系,走绿色发展之路,为人类的生存与发展提供健康、绿色土壤。

（三）新发展理念中的绿色发展

一般产生生态环境问题的原因有很多，其中根本原因包括不合理地开发利用自然资源；城市化和工农业高度发展而产生的废水、废气、废渣等环境污染。生态环境破坏主要表现在水土流失、土地荒漠化、森林和草地资源减少、生物多样性减少等层面。这些环境污染和环境破坏在国家发展中的形势很是严重，已成为当前影响国家实现持续性发展的重要阻力之一，所以必须树立和坚持绿色发展。

树立绿色发展意识。理念是行动的向导，必须将绿色发展理念融入国家发展的一切事务之中，树立绿色发展意识。党的十八届五中全会在阐述绿色发展理念时明确指出，要实现绿色发展就必须要促进低碳、循环产业的发展。所以树立绿色发展意识要一方面强化低碳意识：废气、废水及废渣是当前环境污染的主要来源，必须从根本上扼制废气、废水、废渣产生的来源，必须树立低碳意识，发展低碳产业，消除传统那种高投入、高消耗、高污染的产业发展方式，将低碳环保意识融入各个产业的每一个生产过程之中；另一方面要创新资源能源的技术利用方式，发展循环经济。循环经济强调发展的可持续性，这也是绿色发展理念的要求，循环经济不仅可以增加资源能源的利用率，还能提高经济效益。

转变传统经济发展方式。传统经济发展方式是以高投入、高消耗、高污染为特征的粗放型经济发展，这种经济发展方式不仅大量消耗资源及能源，也增加了发展成本，导致发展成本越来越高，经济效益降低。传统粗放型经济发展方式不仅造成了经济效益上的损失，还降低了生态价值，因此必须转变经济发展方式。当前国家已经开始转变经济发展方式，由依靠资源能源的巨大投入转变为依靠先进劳动力、科技及管理技术来拉动经济增长，由依靠第一产业、第二产业到依靠第一产业、第二产业及第三产业联合拉动经济增长转变，由依靠投资、出口及消费到拉动内需转变来增加经济增长。

加快绿色科技创新步伐。绿色发展理念所强调的就是以最少的投资获取最大的经济效益、社会效益及生态效益，而这些效益的获取需要大力发展环境污染小、投入少、低碳、循环式产业发展，构建环境友好型、资源节约型社会，实现国家发展中的人与自然和谐共生。由于资源的有限性和人类需求的无限性之间的矛盾，必须要加快绿色科技的创新步伐，提高资源及能源的利用效率及替代新能源的技术研发，将绿色科技推行到各个产业，实现生产过程的无污染，提高经济效益和生态价值。

四、开放是国家繁荣发展的必由之路

因为开放，中国打开了国门，走向了世界；因为开放，中国改变了贫穷落后的面貌；因为开放，中国走向了强国之路。开放政策使党中央站在历史与时代的高度制定强国之策。当今的世界是开放的世界，中国的发展离不开世界，世界的和平发展也同样离不开世界各个国家的携手共建。中国实行改革开放40年，国家的政治、经济、文化等领域也得到了很大的发展，综合国力及国际影响力飞跃式发展。面对新时代中国特色社会主义的发展，如同党的十八届五中全会所言，必须坚持和发展开放的强国之路政策，提高开放的深度和效益。

（一）开放发展的丰富内涵

"开放"一词有张开、释放及解除限制等含义，现在常用于开放政策、开放发展及开放发展模式等语境之中。我国关于开放的理念，最早出现于邓小平同志有关论述之中，他在1980年一次接待外宾时首次以"对外开放"作为我国对外经济政策公之于世。"对外开放具有重要意义，任何一个国家要发展，孤立起来，闭关自守是不可能的，不加强国际交往，不引进发达国家的先进经验、先进科学技术和资金，是不可能的。"①党的十八届五中全会中所提到新发展理念中的开放发展是实现国家繁荣发展的必由之路，有着丰富的概念与内涵，必须深刻地把握才能深刻理解国家开放政策与开放之路的推动。所谓的开放发展是国家繁荣发展的必由之路，必须顺应我国经济深度融入世界经济的趋势，"奉行互利共赢的开放战略，坚持内外需相协调、进出口平衡、引进来和走出去并重、引资和引技引智并举，发展更高层次的开放型经济，积极参与到全球经济治理和公共产品供给，提高我国在全球经济治理中的制度性话语权，构建广泛的利益共同体"②，具有互利共赢、双向互动、协调平衡及平等公正等特性。

互利共赢。互利共赢是指中国实行的开放政策，通过中国的发展促进世界的发展，增进世界包括中国在内的各国之间在经济、政治、文化等多领域间的互利，让每一个参与国在开放战略中受益。互利共赢旨在构建一个利益共同体，世界各个国家在这个利益共同体中获取发展、在发展中实现互利共赢。中国的开放战略与西方发达国家的开放理念存在着很大的差异性，中国的发展旨在排除意识形态、文化、政治及经济发展水平等差异性的基础上不分区域、不分民族等因素在和平共处五项基本原则中加强与世界其他国家间的交流与合作，而不是西方发达国家为了获取更多资本和利益需求而制定不合理的开放政策。实践也证明，中国的开放政策已经实行了40年，中国的开放格局也进入全方位、多层次、宽领域的深度，中国的开放让中国屹立于世界民族之林，中国的开放政策不仅让中国摆脱了贫穷落后面貌，也让其他国家在中国的开放中实现利益共享，利益融合，形成了你中有我、我中有你的利益共同体格局。

双向互动。开放发展理念是对开放发展在新时代新时期的新认识和新认

---

① 《邓小平文选》（第三卷），人民出版社1993年版，第117页。
② 中共中央宣传部：《习近平总书记系列重要讲话读本（2016年版）》，人民出版社2016年版，第135页。

知,当前的中国开放政策已经取得了很大的成果,但是在开放的深度及开放的程度上还存在很多的新问题,比如随着世界经济的复苏,部分国家的贸易保护主义和国家民族主义日益凸显;随着发展中国家及新兴国家的崛起,与之相匹配的公平、正义、平等的国家秩序及国际格局尚未真正形成;随着我国经济发展进入新常态,与新时期新阶段发展相适应的开放格局需要新的转变;随着中国发展综合实力的提高,与其相对应的全球治理体系话语权并没有得到根本上的转变;随着中国加入世界贸易组织(WTO)后,中国的开放水平及开放机制、开放管理机制并未得到很好的完善,中国的开放总体上来说并非很完美,缺乏必要的双向互动性。新发展理念中的开放发展实则是针对当下我国发展面临的开放形势做出的应对之策,实现开放的双向互动而不是单极化发展,有利于开放主体间的利益共享、利益融合及合作共赢的实现。

平等公正。平等公正是开放的首要条件,中国只有在开放过程中秉持着参与国家之间平等公正的态度才能弥合国家间的意识形态差异,使各国之间形成一种平等协作、开放公正,开放成果共享的局面,打破西方国家所主导的不公平、不平等的全球开放模式,让全球各国能够在中国的开放政策中实现机会均等、地位平等、结果公正地参与到中国的开放战略和具体实践之中。中国的"一带一路"建设就是在坚持国家间平等公正原则的前提下,欢迎世界各国参与其中,共同发展、共同参与、共同决策、共同享有,吸引了众多国家的积极参与,更是得到了许多发展中国家的认可和支持。平等公正是实现开放发展的敲门砖,必须树立和坚持平等公正的原则。

协调平衡。当前中国最为明显的一个特点就是发展的不协调性和不充分性,正如党的十九大报告所言,中国的主要矛盾已经由人民日益增长的物质文化需要同落后生产力之间的矛盾转化为人民日益增长的美好生活需求同不平衡不充分发展之间的矛盾,发展的不协调不充分成为目前国家所要解决的重要问题之一。必须要坚持协调平衡地发展,这是党的十八届五中全会中新发展理念的重要理念之一,要树立协调全面发展意识。中国的开放尽管形成了全方位、多层次、宽领域的格局，但是存在明显的短板，就是过度依赖出口和外需，这直接影响着我国经济的整体稳定性，一旦发生世界性经济危机和金融危机将对我国的发展造成致命冲击，因此必须转变传统的开放理念，强化内外需、进出口平衡的开放发展理念。

（二）开放发展是实现强国之路的必然选择

党的十八届五中全会是在全面建成小康社会的决胜阶段及实现中国特色社会主义现代化的特殊时期所召开的具有时代意义的大会，提出了众多关于未来中国发展的新理念、新思想，而这些新理念、新思想都是针对当下中国发展所遇到的新问题而提出的行动向导，其中新发展理念更是引领发展的战略指引，开放发展在新发展理念中占据着重要的地位。开放40年的实践证明，中国的开放战略是国家繁荣强盛的必由之路。

开放发展是对中国历史发展经验教训的总结。因为旧中国的闭关锁国政策，中国与世界相隔离，中国的封闭自守导致了中国的政治、经济、文化等与世界各国的发展产生了很大的差距，中国越来越贫穷，发展也越来越故步自封。中国在世界发展的潮流中逐渐落后，帝国主义列强纷纷入侵中国，中国在领土及主权完整、经济发展及文化上都遭到了很大的破坏，中国沦为半殖民地半封建社会。必须大力发展生产力，提高综合国力，中国才能摆脱这种局面。只有发展才能救中国，世界是开放的世界，世界各国的发展离不开世界这个庞大的市场，必须实行开放政策，融入世界市场，顺应时代发展潮流。中国在改革开放的40年中确实取得了骄人的成绩，摆脱了落后就要挨打的局面，成为世界强国，受到众多国家的支持和尊重，所以开放发展是中国历史发展经验与教训的概括与总结的产物。

开放发展能够解决发展中遇到的新问题。中国推行开放政策已经40年了，而且这种开放还会持续进行，开放是中国发展的必由之路、强国之选。随着发展的推进，中国的开放战略也出现了很多新的问题，党的十八届五中全会所提出的新发展理念就是针对当前开放发展中所遇到的新问题做出的理念回应。目前的中国虽然已经加入了世界贸易组织（WTO），但是开放的机制及开放管理机制仍旧不够健全，直接影响着中国开放的制度保障；随着中国的崛起，与之相适应的全球治理体系却没有中国强有力的话语权；随着世界经济危机和金融危机的复苏，部分国家的民族主义和贸易保护主义日益凸显，严重阻碍了全球化新一轮的演化。所有这些问题都需要开放发展来解决，只有开放发展才能实现国家间双向互动、平衡协调及互利共赢，在纠纷与矛盾中强化求同存异，合作交流。

开放发展是顺应当今世界和平与发展的时代主题。和平与发展是当今时代的主题，没有和平与发展的世界环境就没有中国包括世界其他国家发展的稳定的国际环境。当今的世界是开放的世界，中国的发展离不开世界，整个世界是一个相互联系、相互依存的有机统一体。随着经济全球化及世界多极化的发展，世界各国之间的紧密度越来越大，这就使得各国对和平发展的国际环境的需求变化往往牵一发而动全身。各国发展必须顺应和平与发展的时代潮流，共同抵制全球霸权主义和强权政治，共同维护世界的和平与发展，通过自身的发展促进世界的和平，通过世界的和平来促进自身的发展，开放是一种双向互动、互利共赢的发展，对推动世界和平与发展有着重要的作用。

（三）新发展理念中的开放指向

针对当前所处的开放环境和挑战，党的十八届五中全会提出了新发展理念，在开放发展的推进路径上做了多个层面上的论述，即开放战略布局、开放体制、共建"一带一路"、构建人类命运共同体；全球治理。

为了实现内外需、投资及出口的平衡，必须完善对外开放新格局。一是要深化中西部的开放程度，加大东部沿海对中西部的扶持力度，加快中西部各种要素的流动速度，实现中西部内陆地区的开放，形成极具特色的内陆开放城市、开放经济区，同时也要继续推进东部沿海地区的开放，为中西部开放提供必要的基础设施资源；二是在对外开放中要加快实现出口和投资的平衡，传统投资和出口主要是依赖于外需而忽视内在支撑，造成了发展的不稳定，因此必须转变开放理念，立足本土需求，支持本土企业的发展，满足内部人民需求；三是开放不是单纯的引进来和走出去，而是要通过开放发展稳定占据全球市场，中国开放主要是依赖于制造业、基础加工产业及劳动力，附加值较低，必须培养品牌企业，提高企业全球市场竞争力。

传统对外开放战略在具体实际操作过程中的程序往往很是复杂，因此必须完善对外开放体制机制，简化对外开放的形式、操作过程以及管理体制等，加快对外开放的双向互动，实现对外开放的各种要素之间的流动。党的十八届五中全会在关于新发展理念中的开放发展具体部署中明确指出，要建立更好公平的外商投资管理体制机制，减少外商投资的程序性束缚，做好外商投资的服务。同时也要完善本国企业在国外投资的制度及体制机制，尤其政府对这些本土企业的海外投资的国外权益维护及海外服务，切实帮助这些本土企业在海外的发展。

共建"一带一路"，是为了加强与周边国家及世界其他国家间的友好合作关系，强化利益共同体，进行互利共赢式发展，构建周边命运共同体及世界人类命运共同体，携手共创和谐稳定的发展环境。中国在推动"一带一路"建设上确实做到了平等公正、互利共赢的发展，很多国家也都认可中国的"一带一路"建设，纷纷加入到这一实践中，组建你中有我、我中有你的共同体。"一带一路"建设远远超出了历史上的影响，在新的时代新形势下还需要扩大"一带一路"沿线国家间的深层次交流与合作，诸如加强政治会谈，实现政治互信；在经济上加强合作，实现经济互助；在文化上加强交流，实现文化互鉴；在生态上加强沟通，实现绿色发展；在安全上加强合作，实现安全互信。

当今的世界是开放的世界，中国的发展离不开世界，世界其他国家的生存与发展也同样需要世界。和平与发展是当今世界的时代主题，必须要抵制逆全球化思潮及霸权主义和强权政治，推动世界的和平与发展。战争只会给人民带来深重的灾难，所以世界很多国家的人民大众都希望维护当前的和平稳定状态。中国在维护世界和平与发展的时代化主题中提出了构建人类命运共同体的中国方案，这为处在经济低迷化状态发展中的国家提供了宝贵的智慧。构建人类命运共同体是在总结中国自身发展需要和世界发展形势的基础上所提出的具有中国特色和世界共同价值追求的战略判断，有着重要的世界性意义，必须持续推动构建人类命运共同体的实践步伐，树立世界人类命运共同体意识。

中国虽然在改革开放40年来在政治、经济、文化等领域取得了骄人的成绩，综合国力及国际影响力也越来越高，但是与之相匹配的全球话语权却相差甚远，对全球核心问题的参与、决策及执行力存在明显的不足。中国必须要通过各种努力积极参与到全球治理体系之中，尤其是要参与到与开放有关的全球经济及金融治理的运行机制、管理机制及其他体制机制的制定中，打破西方发达国家主导的传统全球治理体系及由西方发达国家所制定的全球治理规则及体制机制等，推动全球治理体系朝着公平公正的方向发展，使得所有国家在全球治理体系中能够独立表达意愿、积极参与，真正成为全球性大众化治理体系，而不是由少数国家掌控的全球治理。

五、共享是社会主义的本质要求

人人共建、人人参与、人人共享是党的十八届五中全会对新发展理念中的共享发展做的最好的诠释。人民是历史的创造者，是发展的主体、发展的依靠者。发展的成果必须由人民共享，才能实现以人为本的核心思想，更能彰显中国特色社会主义的本质和核心要求。共享发展的提出是时代发展的选择，必须要树立和坚持共享发展，强调发展成果分配中的公平公正性。

（一）共享发展的基本内涵

共享发展强调发展的归宿和发展的目的，贯穿于"十三五"规划的各个方面，彰显了中国特色社会主义制度的优越性，其基本内涵也是丰富而立体的。

在《辞海》中，"享"被解释为受用，因而"共享"应该包含共同的享受或享用、共同的作用，以获取共同的体验和满足。共享是中国特色社会主义的本质和核心体现，关于共享发展的基本内涵，主要涉及四个层面，这四个层面有从静态也有从动态等多角度对共享发展做了较为全面的诠释。第一，共享发展是指全民共享，即人民是历史的创造者，是发展的主体。中国是社会主义国家，人民是国家的主人，发展是人人参与、人人尽心、人人共享，必须做到发展成果由全民所有、全民共有而不是西方资本主义国家的少数人享有；第二，共享发展是指全面共享，这里所强调的是全民在共享发展成果时，不仅共享发展的政治成果，还要共享发展的经济成果、文化成果、社会成果及其他各种发展成果，所享有的发展成果应该是全面的，切实关切到全民根本利益；第三，共享发展是指共建共享，人民共享发展成果的前提就是要全民投入到发展实践之中，不存在不劳动却共享发展成果的行为，只有全民参与共建才能实现全民共享，实现共享中的共建，共建中的共享，两者之间是一种互相依存、相互影响的关系；第四，共享发展是指共享渐进，这里强调的共享发展成果分配的依次性，发展是一个过程，人民共建发展也需要一个过程，发展成果在不同时期所表现的方式与满足人民需求的程度也是不一样的，不是一蹴而就地分配发展成果，共享发展成果应该是一个循序渐进的过程，成果分配也应该是一个由少到多的过程，不能急于求成。概而述之，共享发展是指在公平公正的基础上全民渐进共享共建发展成果。必须要树立和坚持共享发展，做到发展为了人民、发展依靠人民、发展成果由人民共享，切实维护与人民相关的利益，最大限度地享有发展中的政治、经济、文化及社会等各个领域的成果，提高全民共享的水平和程度，从而提高和改善人民的生活水平。

（二）国家共享发展中存在的突出问题

实现共享发展既是中国特色社会主义的本质要求和核心体现，也是针对中国当前自身发展需要所提出的应对之策。党的十九大报告中明确提出了我国的主要矛盾已经由人民日益增长的物质文化需要同落后生产力之间的矛盾转变为人民日益增长的美好生活需要同不平衡不充分的发展之间的矛盾，发展的不平衡性和不充分性是当前国家发展面临的重要问题，也是共享理念提出的重要原因，共享发展必须渗透到国家发展全局的各个方面、各个领域之中。

在教育层面，受教育本是公民的权利和义务，但是由于经济社会发展水平的差异，东中西部的居民受教育程度存在很大的差距，教育资源的共享也存在不平等，基础教育设施在东中西部的配备也不均衡，必须要加速教育相关要素在东中西部之间的流动，加大对中西部地区教育的扶持力度，实现中西部教育资源共享，真正为受教育群体带来方便。在就业层面，就业是民生之本，提高居民生活水平必须要千方百计提供就业机会，解决就业问题。当前由于中国经济发展方式的转变和产业结构的优化升级，新变化对劳动力的质量要求也是越来越高，这给劳动者就业带来了严峻的挑战。很多人由于知识水平的构成及受教育程度的差异和劳动技能的不同在就业岗位的选择中被淘汰掉，失业问题和失业矛盾日益凸显。尽管国家在就业民生这一块做了很大的努力，但是形势依旧严峻，这对共建发展，实现发展共享带来一定的冲击。在医疗层面，医疗关乎人们切身利益，但是由于经济发展不均衡，导致基础医疗设施、医疗卫生及公共服务在不同地区之间有着明显的差异，甚至是不公正、不平等。在社会保障层面，社会保障是关乎民生问题的重要方面，我国的社会保障体系主要涉及社会保险、社会救济、社会福利及社会优抚等，其中最为常见的是基本的医疗保险、养老保险、失业保险，这些社会保障为城市居民提供了强有力的经济支撑。相较于城市居民而言，农村社会保障水平则偏低，城乡间的社会保障资源存在很大的差异。此外，居民的收入差距是造成发展成果不能共享的最为直接的原因，因为收入的差距，居民的生活水平也存在较大差距。这是由于居民劳动之间的差异性及多种要素参与收入分配，所以在分配过程中会出现收入差距，这种差距必然会体现在物质和精神生活的享受上。

（三）新发展理念中的共享愿景

所谓的共享发展就是要实现发展中的人人参与、人人尽心、人人共享，发展要为了人民，发展要依靠人民，发展成果由人民共享，着重解决发展中发展成果分配不均、分配不公正等问题，以通过共享发展来缓解人民群众之间的矛盾，缩小城乡及收入差距，实现城乡一体化及实现共同富裕。正如习近平在《习近平治国理政》中所言："人民对美好生活的向往，就是我们的奋斗目标"[①]，必须树立和坚持共享发展理念，推动共享发展步伐。

精准扶贫、精准脱贫、分类扶贫，远离贫困。由于劳动及参与分配各种要素之间的差异性，所以居民在收入水平上存在严重落差，居民收入差距明显偏大，这也是改革开放初期国家为了实现共同富裕而采取措施鼓励一部分人先富，先富的带动后富的，然后实现共同富裕的政策。这个政策在当时确实对国家的发展起了推动作用，但是也遗留了历史问题，人民之间的收入差距越来越大，两极分化很是严重，部分偏远地区仍旧面临着严峻的看病难、就业难、上学难等问题，其根源就在于区域经济发展水平的不均衡，公共资源及公共服务很难实现跨区域间的流动，部分人民受教育程度不足及知识水平不够，所有这些都造成了部分地区越来越贫困，人民生活越来越贫苦。当

---

① 习近平：《习近平谈治国理政》（第一卷），外文出版社2014年版，第3页。

前，国家也在通过各种政策加大扶贫的力度，并且在各个地区如火如荼地进行，其突出特点在于"精准"二字。推进精准扶贫、精准脱贫及分类扶贫，将扶贫落实到家家户户，切实了解困难家庭的实际需求，最大限度地解决贫困人群的困境，这对贫困居民共享发展成果、突出共享重点对象都有着重要的作用。

以改善民生为重点，提高居民生活水平，实现共享发展，就必须做好以改善民生为重点的工作，这是关切人民日常生活利益的着力点。在教育层面，继续推进国家教育方针，扩大受教育群体，加大教育投资，加快偏远地区九年义务教育的普及力度，减免部分地区贫困受教育群体的学杂教育费用，建立受教育群体奖励基金。在就业层面，政府要通过各种政策积极促进就业，千方百计为适龄就业群体及失业群体提供岗位，还要鼓励群体进行创业，并给予部分财政扶持，实现剩余劳动力合理转移。在医疗层面，政府必须要加大国家医疗卫生事业制度的改革，平衡医疗用品的价格，加强医疗药物的管理，普及医保与就医的一体性，真正解决居民就医难问题，同时还要加强食品安全的监察力度。在收入分配层面，缩小收入分配差距是国家调节贫富两极分化的长期手段，必须要调整好过高收入、中等收入及低收入群体之间的差距，提高高收入群体的税收水平，增加中等收入群体的数量，强化国家收入分配制度，在初次分配中更要注重公平。在社会保障层面，推动实现社会保险、社会救助、社会优抚及社会福利一体化覆盖全民的社会保障体系，加快全民医保的步伐，扩大对受保群体的重大医疗疾病的报销层次，同时也要鼓励社会对社会保障的投入力量，形成国家、社会、个人相结合的保障体系。

/ 第六章 /

新发展理念的落实

国念中理 CHINA IDEA

中国理念 CHINA IDEA

马克思指出："蜘蛛的活动与织工的活动相似，蜜蜂建筑蜂房的本领使人间的许多建筑师感到惭愧。但是，最蹩脚的建筑师从一开始就比最灵巧的蜜蜂高明的地方，是他在用蜂蜡建筑蜂房以前，已经在自己的头脑中把它建成了。"[①] 这说的是思想理念和理论的反作用，新发展理念是中国发展在意识层面的"战略蓝图"。新发展理念是针对我国经济发展进入新常态、世界经济复苏低迷形势提出的治本之策，是具有战略性、纲领性、引领性的东西，具有重大的实践导向功能和战略指引意义。

一、新发展理念的战略价值

党的十八届五中全会站在历史和时代的高度，在认真总结中国自身发展实践经验和世界发展形势的基础上提出了既具有中国特色又蕴含世界共同价值追求的新发展理念。新发展理念是在当前中国的发展进入了新常态及世界仍旧低迷化的经济状态的背景下对发展中存在的新形势、新变化、新问题、新矛盾进行引导。理念是行动的向导，以新发展理念引领发展新常态，实现发展的平衡性、充分性，为取得全面建成小康社会及完成全局性发展提供了强有力的战略指引，必须树立和坚持新发展理念，将新发展理念融入中国发展全局的各个方面，切实发挥新发展理念的作用。

（一）提供新思路

中国的持续高速度经济增长让中国的经济发展进入了一个新的阶段：从经济规模上看，中国的GDP总量在2014年年底已经达到了63万亿人民币，平均增速在10%以上，更是实现了占全球GDP比重的12.2%，成为世界第二大经济体；从人均GDP上看，中国的人均GDP在2014年年底已经达到了5万

---

① 《马克思恩格斯文集》（第五卷），人民出版社2009年版，第208页。

余元人民币，人均水平超过了7000美元，达到全球上中等收入国家水平；从经济结构上看，中国的经济结构已经实现了由改革开放初期三大产业比重分别为28.2%、47.9%、23.9%，转变为2014年年底的第三产业比重达到48.2%，第一产业和第二产业比重相继下滑。由此，城市化水平达到了55%，超过了世界的52%。纵观这些变化，说明了中国的经济发展进入了世界上中等收入国家水平，踏入了世界后工业化加速完成阶段。

新的发展阶段既带来了新的机遇也带来了新的挑战：一是"中等收入陷阱"。所谓的"中等收入陷阱"是指二战之后，一些发展中国家实现了摆脱贫困、跨越温饱，进入世界上中等收入国家水平，但由于没有很好适应新阶段新变化而导致国家经济发展停滞不前，陷入"中等收入陷阱"。二是我国进入世界上中等收入国家行列势必面临着国民经济生产总成本的快速增加问题，具体表现在投入生产中的劳动力、资源能源燃料及科学技术研发等生产要素成本快速增加。短期内总成本的提升会带来一定的通货膨胀压力，导致经济发展滞缓。三是发展进入新阶段之后，出现增长速度由高速向中高速转变、产业结构优化升级、发展动力多元化等新变化，这些变化在增加生产总成本的同时也带来了国内外投资需求和国内消费需求降低的问题。除此之外，发展中还存在环境污染、生态破坏、收入差距大等问题。理念是行动的向导，新的阶段需要新的理念，创新、协调、绿色、开放、共享的新发展理念为解决发展中存在的问题提供了新思路。

创新作为发展的第一动力，旨在解决发展的动力问题。将创新发展纳入到新发展理念之中，其中最为重要的原因就在于发展的创新动力不足问题。中国传统发展模式是以各种生产要素及资源能源的投入为主，这种高消耗、高污染、高投入的经济增长方式不仅大量地消耗了资源、能源及劳动力，而且也给国家的发展带来消极后果，不仅需要高额的成本，还带来了很多发展遗留问题，必须要推动实现发展的科学性，必须将创新放在国家发展全局的核心位置，走创新驱动发展战略，推动实现科技创新、理论创新、制度创新等，改善优化产业结构、创新资源能源利用技术、提高要素间的最小投入、获取最大的收益。

协调作为发展的价值方式，主要是针对发展的失衡不充分性。创新、协调、绿色、开放、共享的新发展理念是站在时代和历史的高度认真分析中国发展需要和世界发展形势提出的。将协调纳入了新发展理念之中，这是对中国当前国家发展存在着严重的不协调的战略判断，即东中西部区域间及各个区域内部存在发展的不协调性、城乡发展的不平衡性、区域间及城乡间的居民在财富的占有中存在严重的不均衡不协调以及我国经济社会发展与生态环境之间的不协调性。必须要树立协调发展理念，统筹兼顾各个领域，力求通过协调发展实现区域、城乡及经济和生态之间的协调。

绿色作为发展的价值保障，坚持立足实现发展的可持续性。绿色生态发展作为中国五位一体的发展战略布局之一，关乎着中国的发展全局。习近平的新发展理念中的绿色发展，其实是针对当前国家发展中存在的环境污染和生态破坏等生态环境问题及其严重的现状提出的应对决策。目前，中国乃至世界都面临着严峻的气候变化、资源能源的枯竭、人口膨胀及生态多样性的破坏等生态环境问题，严重威胁着人类的生存与发展。绿色发展旨在坚持节约资源、保护环境，实现生产发展、生活富裕、生态文明，走绿色、健康发展之路，这是针对当前严峻的生态环境形势做出的战略安排，对未来可持续发展指明了方向。

开放作为发展的价值场域，旨在增强国内外发展的联动性。开放40年的成就证明了开放是中国的强国之路，更是中国实现繁荣富强的必由之路，必须持续推进开放战略，但在统筹国内外两个大局中仍旧存在很多发展问题。从国际上看，部分西方发达国家为了重返全球化的掌控地位而主导了逆全球化的浪潮。从国内来看，中国的发展仍旧沿袭着传统的依靠投资、出口和消费三驾马车拉动内需，导致中国发展出现很大的不稳定性。开放理念打破了传统开放发展模式，统筹国内外两个大局，在开放的层次、开放的深度、开放的水平及开放的格局上都有着方向性的指导。

共享作为发展的价值目的，旨在实现人人共享的分配基准。将共享纳入了新发展理念之中并将其放在了新发展理念的最后位置，突出了发展的归宿和落脚点在于人民群众共享发展中的政治、经济、文化、社会等领域的成果，这是发展的目的，也是强调发展的成果的分配。共享理念强调以改善民生为重点的教育、就业、住房、医疗、社会保障以及收入分配的深入发展，并且在这些领域也做了制度性的安排，做到发展为了人民、发展依靠人民、发展成果由人民共享，为解决发展中存在问题提供新思路。

（二）寻求新动力

常态就是指正常的状态，由之前正常的状态到不正常状态再发展为正常的状态，即新常态，其表现为增长速度由快速转为中高速增长、经济结构实现优化升级、发展动力转为创新驱动型。发展新常态是中国发展的新一轮演化，对中国来说仍旧是个重要战略机遇期：一是经济增长速度放缓，中国的GDP增长速度在2012年开始回落，从2012年到2014年的经济增长速度分别为7.7%、7.7%、7.4%，而且这种趋势在近两年也是在7%左右，但是中国的GDP增长速度放缓并不代表中国发展的滞后，而是在平和增长的速度中健康持续发展着。二是转变经济发展方式，推动发展动力的多元化。创新是发展的第一动力，实现创新驱动发展，由依靠第一产业和第二产业转为第一产业、第二产业和第三产业联合拉动经济的增长，成为推动经济发展的又一坚实动力。三是新常态有一个最大的亮点就是实现产业结构和经济结构的优化升级，当前的中国第三产业、高新技术产业等都实现了良好的发展势头并取得了很大的成果。四是政府权力的简放，发挥市场在资源配置中的决定性作用。

为了更好地适应新常态、把握新常态和引领新常态，党的十八届五中全会明确提出了新发展理念。理念是行动的向导，以新发展理念引领发展新常态，为发展新常态培育了新的动力。

动力机制由要素驱动型转为创新驱动型。创新放在首位，就是要解决当前中国面临着严峻的创新不足、创新能力不够的问题，只有高度重视创新问题、提高创新能力、走创新驱动发展之路，才能更好地把握、引领、适应发展新常态。正如习近平所言："实施创新驱动发展战略，是加快转变经济发展方式、提高我国综合国力和国际竞争力的必要举措和战略要求。"[1]创新不足既是挑战又是机遇，将创新放在国家发展全局的重要位置，增加发展新常态的动力点。

协调发展理念促使经济结构的优化升级。当前中国在城乡、区域、经济、生态等领域出现了发展不平衡不充分的情况，全面协调成为发展新常态的未来指向。协调强调发展的全面性、整体性、全局性，通过调整区域、城乡产业结构和投资结构，加大对区域及城乡的扶持力度，实现不同区域之间的要素流动，加速缩小区域差距、城乡差距、贫富差距，推动城乡一体化进程，所有这些问题的解决都是推动发展新常态的动力所在。

绿色发展理念加速了经济发展方式的转变。清洁美丽是绿色理念所倡导的经济发展方式，走绿色发展之路，必须要转变经济发展方式，大力发展循环经济、低碳经济，创新资源能源开发、替代及使用技术，建设资源节约型、环境友好型社会，通过多种形式打破传统高消耗、高投入、高消费的发展方式，走低投入、高效益的健康发展之路，统筹兼顾经济和生态的统一，绿色理念的提出为引领、适应、把握新常态注入了新的动力点。

开放发展理念加快了开放型经济体制建设。对外开放格局、深度、效益等不高的问题是发展新常态中对外开放领域的突出问题，想要突破对外开放发展难题，推动发展新常态，就必须要加快开放型经济体制建设，开放理念旨在一方面引进跨国公司地区总部等功能性机构，另一方面加大中国走出去

---

[1] 中共中央宣传部：《习近平总书记系列重要讲话读本（2016年版）》，人民出版社2016年版，第151页。

战略中的研发、品牌、营销等优势发展，这些开放型经济体制建设为发展新常态提供了潜力，为引领、适应、发展新常态培育了新的动力。

共享发展理念强化了发展新常态目标动力。共享理念旨在强调了发展的价值目标所在，就是要实现政治、经济、文化、社会、生态等领域成果的共享性，通过改善教育、医疗、就业、保险、收入等民生为重点领域的条件和环境，缓解上学难、就业难、看病难、住房难等问题，加大对贫困地区的扶持力度，做到精准扶贫、扶贫到户，提高人民生活的水平。发展进入新常态，抓住重要战略机遇期就必须寻求发展的突破口，解决民生问题为引领、适应、发展新常态提供了良好的动力积淀。

（三）重塑新目标

当前的改革处在发展的攻坚期、国家宏观调控及市场资源配置的调整期，中国发展的总体水平很高，但在创新能力方面还是不足；在协调方面，区域、城乡、贫富等之间差距很大；在绿色方面，环境污染和生态破坏严重；在开放方面，国家对外开放的格局、效益、水平有待提升；在共享方面，教育、就业、住房、社会保障、医疗及其他公共服务、公共资源和公共基础设施配置还存在很大的差异，未能很好地实现东中西部之间要素的相互流动。以创新、协调、绿色、开放、共享为核心内容的新发展理念为引领未来美好发展塑造了共创、共建、共生、共赢及共享的价值目标指向。

创新发展理念为实现更好发展塑造了共创价值目标。创新始终是推动一个国家进步与发展的重要力量，必须把创新放在国家发展全局的重要核心位置，坚持自主创新、重点跨越、支撑发展、引领未来的指导方针，提高原始创新、集成创新和引进吸收消化再创新能力，更加注重协同创新，不断提高创新能力，着力建立以企业为主体、市场为导向、产学研相结合的技术创新体系。创新理念为实现未来更好发展塑造了共建的价值目标指向，积极鼓动全社会人参与到创新实践之中，这个过程既需要依靠企业的主体性地位，也要做好市场的需求性调查，更需要产学研机构的依托性，否则创新既没有实际的意义也没有场域的依托。

协调发展理念为实现更好发展塑造了共进价值目标。协调理念的提出是针对发展中存在的不平衡不充分问题，所谓的"协调就是指持续健康发展的内在要求。必须牢牢把握中国特色社会主义事业的总体布局，正确处理发展中的重大关系，促进城乡区域协调发展，促进经济社会协调发展，促进新型工业化、信息化、城镇化、农业现代化同步发展，在增强国家硬实力的同时注重提升国家软实力，不断增强发展的整体性"[1]，协调理念为实现未来更好发展塑造了共进的价值目标指向，实现发展的协调性和充分性就必须坚持共进的价值目标取向，要统筹兼顾国家发展领域的全局性。

绿色发展理念为实现更好发展塑造了共生的价值目标。绿色理念是针对当前发展中存在严峻的环境污染、生态破坏以及实现未来绿色健康可持续发展提出的。绿色理念为实现更好发展塑造了共生的价值目标指向，发展必须做到经济社会效益和生态效益的统一，坚持既要金山银山也要绿水青山的发展目标和价值追求，加强环境保护和资源节约的力度；合理规划城市化格局、农业发展格局、生态安全格局、自然岸线格局；建设主体功能区，保护国土资源的开发与利用；创新资源能源的利用技术，提高资源能源的利用效率；加大环境污染的治理和生态破坏的修复。

开放发展理念为实现更好发展塑造了共赢的价值目标。和平与发展是当今时代的主流，中国作为世界的一员必须要通过世界的和平与发展来促进自身的发展，并通过自身的发展推动世界的和平与发展，统筹好国内外两个大局。新发展理念指出，开放是发展的价值场域，要着力解决发展的国内外两个大局。开放发展为更好实现发展塑造了共赢的价值目标指向，发展是共赢式的发展，而不是以牺牲他国利益为基础上的获益，必须共享发展成果。

---

[1]《中国共产党第十八届中央委员会第五次全体会议公报》，人民出版社2015年版，第6页。

共享发展理念为实现更好发展塑造了共享的价值目标。所谓的共享就是指发展中人人参与、人人尽力、人人共享的过程。当前的中国确实存在区域、城乡居民教育、就业、医疗、社会保障、收入等民生领域的资源分配上的不均衡。越是发达地区所享有的公共资源、公共服务及公共基础设施就越多，东中西部依次次之，上学难、就业难、看病难、住房难等问题仍旧存在于很多地区，因此必须加大力度强化发展成果共享理念和执行力度，实现成果由人民群众共享，这是新发展理念的共享初衷，更是国家发展的根本目的所在。

（四）指明新方向

从国际上来看，尽管全球各国都努力通过采取各种政策来缓解金融危机的压力及推动全球经济的复苏，甚至通过逆全球化、反全球化、去全球化，回归全球化新一轮演化的合法性地位。从国内来看，在取得经济上腾飞的同时，中国的环境污染和生态破坏形势不容乐观，经济效益和生态效益严重失衡，威胁人类生存和发展的气候问题、人口问题、资源问题及饮水问题等全球性人与自然关系不和谐的表现越来越多。新发展理念囊括了创新、协调、绿色、开放、共享等内容，分别为中国的发展提供动力方向、决策方向、发展方向、格局方向及目标指向。

创新发展理念赋予了未来发展的动力方向。新发展理念将创新纳入内容体系之中，一方面指明了创新对国家、社会及人类发展进步的重要性，同样也是基于中国当前所遇到的创新问题和挑战。中国的总体实力显著增强，但中国的发展动力不足问题越来越明显。创新理念的提出为未来发展指明了动力方向，即推动科技创新、制度创新、理论创新、实践创新等方面，尤其是科技创新，必须将自主创新放在国家发展的核心位置，强化原始创新、集成创新和引进消化吸收再创新能力，形成以企业为主体、市场为导向，产学研相结合的科技创新之路，实施创新驱动发展战略，激发发展动力。

中国理念 CHINA IDEA

协调发展理念为未来发展提供了决策方向。协调是新发展理念的重要内容之一，它的提出为解决发展中的不平衡不充分提供了强有力的决策指向。协调理念强调发展的整体性、全局性、全面性，做到政治、经济、文化、社会、生态等领域的共进、共建、全面式发展。当前的中国发展中存在区域、城乡、经济效益与生态效益、人与自然等领域失衡性问题。这些问题的解决都需要协调理念的融入，用协调引领发展，有点有线有面有重点有关键地推动发展格局，实现发展全局的多方位、多层次的并进，持续推进东部率先、东北振兴、中部崛起、西部大开发战略，实现国家发展全局的整体性发展。

绿色发展理念为未来发展指明了发展方向。中国发展虽然取得了巨大的成就，但也付出了很大的代价。在无限制追求经济价值的同时，却忽视了生态环境的保护和维护，气候变化、地质灾害、人口膨胀、资源匮乏、生物多样性减少等威胁人类生存与发展的全球性生态环境问题严峻，人与自然之间的关系越来越恶化。绿色理念是要解决人与自然之间的和谐共生问题，为未来发展指明新方向：坚守国家资源节约和环境保护的基本国策；协调好经济效益和生态效益之间的关系；将创新放在国家发展全局的重要位置；走经济建设和生态环境保护相协调的发展道路。

开放发展理念强化了未来国内外的格局方向。纵观国内外发展因素，中国仍旧面临着深层次的挑战：第一，西方发达国家仍旧占据着全球化的主导权；第二，以国家保护主义和民族主义为核心内容的逆全球化浪潮纷纷掀起；第三，中国作为世界第二大经济体，却没有与之相匹配的世界话语权；最后，与引进来和走出去相适应的支撑制度和支撑力量明显不足。开放理念坚持互利共赢合作开放的宗旨，坚持投资、出口、消费及内需的协调拉动发展，提高引进来和走出去的深层次交流，强化全球治理参与、决策等话语权等，为未来发展指明方向。

共享发展理念强调了未来发展的目标指向。共享理念旨在打破传统因拥有不同生产要素而造成的收入分配不均、收入差距日益拉大的现象，强调新时期分配的公平公正性,渐进地共享政治、经济、文化、社会及生态等发展全局领域的成果,实现共同富裕。共享是发展的价值目标,着手解决发展的目的性问题,这为实现未来更好发展提供了价值目标导向。共享理念在教育、就业、医疗、社会保障及收入等领域做了具体的安排,这都为未来发展中克服分配问题提供了必要的价值目标指向。

(五)提供新出路

城乡二元制、贫富差距拉大、生态环境恶化等发展不平衡不充分问题日益凸显,成为影响新时代中国经济持续发展的桎梏。新发展理念就是针对当前发展的不平衡和不充分问题所提出来的理念,以通过创新、协调、绿色、开放及共享理念来整合发展动力、发展方式、发展方向、发展场域及发展目标等因素,为提升发展质量提供新的出路和方向。

创新发展理念培育了提升发展质量的新动力。新发展理念将创新放在国家发展全局的核心位置,旨在为提升发展质量培育新的动力。中国传统发展动力主要是依靠要素驱动、投资驱动、出口及消费等来拉动发展,造成了资源能源的枯竭、生态环境恶化、贫富差距加大等影响人类生存与发展的问题,而这些问题解决的关键就在于供给侧结构的改革,其中推动供给侧结构改革的主力就在于创新,重点在于科技创新。创新理念明确指出实施创新驱动型战略,将自主创新放在国家发展全局的重要位置,加强原始创新、集成创新及引进消化吸收再创新步伐,坚持自主创新、重点跨越、支撑发展、引领未来,逐渐形成以企业为主体、市场为导向、产学研相结合的创新发展之路,为提高发展质量培育新的动力。

协调发展理念为提升发展质量提供了新平衡。协调理念指出要牢牢把握住以政治、经济、文化、社会及生态为内容的五位一体的总体布局,推进区域、城乡、经济与生态、物质文明和精神文明建设、新型工业化、信息化、城镇化、农业现代化同步发展。在战略上要持续推行国家的东部率先发展战略、东北振兴战略、西部大开发战略及中部崛起战略,实现中国整体性发展;在关系上要统筹兼顾发展全局中的经济效益和生态效益;在区域上要实现东、中及西部地区之间的要素流动;在文明建设上要将物质文明建设和精神文明建设统筹兼顾;在城乡建设上要加强对农村地区的教育、医疗、社会保障的支持力度。协调理念吸收并丰富了发展的基本理论、基本观点,为提高发展质量提供了新的平衡支撑和出路。

绿色发展理念为提升发展质量营造了新环境。当前中国发展问题在生态领域表现为气候变化、人口膨胀、地质灾害、生物多样性减少及废气、废水、废渣为主体的三废环境污染,还包括噪声噪音等环境污染,以及当下众多城市所面临的尚未解决的雾霾天气,所有的这些都严重威胁着人类的生存与发展。绿色理念指出正确处理好人与自然之间和谐共生关系,尊重自然、保护自然、顺应自然,始终坚持节约资源和环境保护的基本国策,加快构建环境友好型、资源节约型社会的步伐,大力推进低碳经济、循环经济,实现生产发展、生活富裕、生态文明的发展之路,为提升发展质量构建良好的生态环境。

开放发展理念为提升发展质量开拓了新格局。发展需要市场,市场需要开拓。对外开放40年的实践表明,对外开放是强国之路,中国的发展必须要顺应世界时代发展的潮流,否则只会淹没在历史进程之中。当前的中国已经形成了多方位、多层次、宽领域的中国特色社会主义对外开放格局,始终坚持着友好合作共赢的发展原则与世界其他国家进行政治、经济、文化、社会、安全及生态等领域的交流,始终坚持引进来战略和走出去战略相结合,引资和引技并举,提高对外开放的质量,提升对外开放的效益,开拓对外开放新格局。

共享发展理念为提升发展质量塑造了新目标。人民是国家的主人翁,是历史的创造者,必须要尊重和坚持从群众中来到群众中去的群众观点,并将人民群众的观点贯穿到国家发展全局,做到发展为了人民、发展要依靠人民、发展成果由人民共享。共享理念明确指出要实现全民共享必须要全民共建,而且这种共享是对发展全局成果的渐进式共享,同时也指出要始终做好与人民群众切身利益相关的就业、教育、医疗、社会保障、收入等重要的民生问题,真正实现发展由人民共享的价值目标。

二、新发展理念的战略选择

党的十九大指出:"发展是解决我国一切问题的基础和关键,发展必须是科学发展,必须坚定不移贯彻创新、协调、绿色、开放、共享的发展理念。必须坚持和完善我国社会主义基本经济制度和分配制度,毫不动摇巩固和发展公有制经济,毫不动摇鼓励、支持、引导非公有制经济发展,使市场在资源配置中起决定性作用,更好发挥政府作用,推动新型工业化、信息化、城镇化、农业现代化同步发展,主动参与和推动经济全球化进程,发展更高层次的开放型经济,不断壮大我国经济实力和综合国力。"[①]

(一)创新发展理念的战略意识

综观人类发展历史和实践,现代经济的一大特点就是自然资源越用越少,创新要素越用越多。我国经济规模虽然很大,但人口众多、人均自然资源少,走以土地、劳动力、资本等为主导的传统发展之路已行不通,必须走创新发展之路,依靠创新尤其是科技创新,实现可持续发展,才能破解经济社会发展瓶颈,跨越发展陷阱。当前,我国面临经济下行压力,说到底归因于创新乏力、创新不足。传统产业改造升级也好,新兴产业培育发展也罢,离开创新都没有出路,都寸步难行。我国经济发展进入新常态,从中低端迈

[①] 习近平:《决胜全面建成小康社会 夺取新时代中国特色社会主义伟大胜利》,人民出版社2017年版,第21-22页。

向中高端，创造新常态下的新优势，根本出路在创新。只有创新，才能从根本上解决我国发展不平衡、不协调、不可持续问题，从根本上解决我国发展动力不足、发展方式粗放、产业层次偏低、资源环境约束趋紧等问题，为转变经济发展方式、优化经济结构、改善生态环境、提高发展质量和效益开拓广阔空间，推动我国经济社会持续健康发展。

党的十八大以来，习近平总书记提出的"把创新摆在国家发展全局的核心位置""把创新作为引领发展的第一动力"[①]等重大论断，是对马克思主义关于创新理论的发展。把创新作为引领发展的第一动力，决定我国发展思路、发展方向和发展面貌。创新理念和过程可以说涉及上层建筑与经济基础、生产关系与生产力的全要素、全系统、全方位变革。比如理论创新、制度创新、科技创新、文化创新对经济社会和国家发展全局具有深刻影响、强大推力。其中，"思想理论创新属'脑动力'创新，是社会发展和变革的先导，也是各类创新活动的思想灵魂和方法来源。制度创新属'原动力'创新，是持续创新的保障，能够激发各类创新主体活力，也是引领经济社会发展的关键，核心是国家治理创新，推进国家治理体系和治理能力现代化，形成有利于创新发展的体制机制。科技创新属'主动力'创新，是全面创新的重中之重。文化创新本质上是'软实力'创新，培植民族永葆生命力和凝聚力的基础，为各类创新活动提供不竭的精神动力。"总之，创新作为引领发展的第一动力，决定发展的速度、规模、结构、质量和效益。

尤其是党的十八届五中全会之后，党和国家专门制定了《国家创新驱动发展战略纲要》，提出了中国创新发展三步走的战略任务，成为落实党的十八届五中全会提出的创新发展理念的具体行动。第一步，到2020年进入创新型国家行列，基本建成中国特色国家创新体系，有力支撑全面建成小康社会目

[①] 《保持锐意创新勇气蓬勃向上朝气　加强深化改革开放措施系统集成》，载《人民日报》，2016年3月6日，第1版。

标的实现。第二步，到2030年跻身创新型国家前列，发展驱动力实现根本转换，经济社会发展水平和国际竞争力大幅提升，为建成经济强国和共同富裕社会奠定坚实基础。第三步，到2050年建成世界科技创新强国，成为世界主要科学中心和创新高地，为我国建成富强民主文明和谐的社会主义现代化国家、实现中华民族伟大复兴的中国梦提供强大支撑。这三步创新驱动发展的战略安排与我们建设社会主义现代化强国的战略部署相契合，将为现代化强国建设提供重要驱动力。

创新发展理念是创新型国家建设的思想和战略指引。党的十九大指出："创新是引领发展的第一动力，是建设现代化经济体系的战略支撑。"[1]加快建设创新型国家，就是要瞄准世界科技前沿，强化基础研究，实现前瞻性基础研究、引领性原创成果重大突破。就是要加强应用基础研究，拓展实施国家重大科技项目，突出关键共性技术、前沿引领技术、现代工程技术、颠覆性技术创新，为现代化强国建设提供有力支撑。就是要加强国家创新体系建设，深化科技体制改革，建立以企业为主体、市场为导向、产学研深度融合的技术创新体系，加强对中小企业创新的支持，促进科技成果转化。就是要倡导创新文化，强化知识产权创造、保护、运用，培养造就一大批具有国际水平的战略科技人才、科技领军人才、青年科技人才和高水平创新团队。

习近平指出："人是科技创新最关键的因素，创新的事业呼唤创新的人才；创新驱动实质上是人才驱动。"[2]具体说，就是要发挥科技创新在全面创新中的引领作用，坚持战略和前沿导向，集中支持事关发展全局的基础研究和共性关键技术研究，更加重视原始创新和颠覆性技术创新。这就要求深入推进大众创业万众创新，把大众创业万众创新融入发展的各领域，鼓励各类

---

[1] 习近平：《决胜全面建成小康社会　夺取新时代中国特色社会主义伟大胜利》，人民出版社2017年版，第31页。

[2] 习近平：《在中国科学院第十七次院士大会、中国工程院第十二次院士大会上的讲话》，载《人民日报》，2014年6月10日，第2版。

主体开发新技术、新产品、新业态、新模式，打造发展新引擎，构建激励创新的体制机制。此外，要实施专门的人才优先发展战略，把人才作为支撑发展的第一资源，加快推进人才发展体制和政策创新，构建有国际竞争力的人才制度优势，提高人才质量，优化人才结构，加快建设人才强国。培育崇尚创新的社会环境，国家才有光明前景，社会才能充满活力，创新人才才能不断涌现。创新发展是全民参与、全民推动的宏伟事业。弘扬创新文化，倡导敢为人先、勇于冒尖的创新精神，使创新成为全社会的一种价值导向、一种思维方式、一种生活习惯。激活民间智慧和创造力，激发创新创业活力，最大程度地释放全社会创新潜力，让一切劳动、知识、技术、管理、资本的活力竞相迸发，形成人人崇尚创新、人人渴望创新、人人皆可创新的社会氛围，中华民族伟大复兴的中国梦必将在亿万人民的创新创造中梦想成真。

（二）协调发展理念的战略意识

协调发展涉及经济、政治、文化、社会发展各个领域，其根本要求是统筹兼顾。习近平指出："注重发展的统筹和协调。唯物辩证法认为，事物是普遍联系的，事物及事物各要素之间相互影响、相互制约，整个世界是相互联系的整体，也是相互作用的系统。它要求我们必须从客观事物的内在联系去把握事物，去认识问题，去处理问题。城乡联系、区域联系、经济与社会的联系、人与自然的联系、国内发展与对外开放的联系，都是客观存在的。如果我们违背联系的普遍性和客观性，不注意协调好它们之间的关系，就会顾此失彼，导致发展失衡。"[①]

党的十九大强调："中国特色社会主义进入新时代，我国社会主要矛盾已经转化为人民日益增长的美好生活需要和不平衡不充分的发展之间的矛

---

① 《中共十八届五中全会在京举行》，载《人民日报》，2015年10月30日，第1版。

盾"①，不平衡不充分最直接的体现就是不协调，可见协调发展理念的提出体现了中国共产党人在新时代的战略意识和战略自觉。对于人民群众来说，当前，我国已经稳定解决了十几亿人的温饱问题，总体上实现了小康，不久将全面建成小康社会。随着物质基础的丰厚，人民对美好生活的需要也日益广泛，不仅对物质文化生活提出了更高要求，在民主、法治、公平、正义、安全、环境等方面的要求也日益增长，其利益已经不仅局限于经济利益的狭隘范畴，舒适的自然环境、丰富的精神文化生活等都是人民利益的重要体现。协调发展理念正是应了人民群众全面性、整体性、多样性的生活要求而产生，强调人民利益的整体性。协调发展将通过推进精准扶贫工作、实施重点区域建设战略、推动新型城镇化发展，力求实现全面的、整体经得起检验的小康，为全体人民带来生活质量的提高和生活环境的改善。同时，从长远看，协调发展也是为实现全体人民全面而自由地发展提供了必要的条件。协调发展追求的是全面协调可持续的发展，这不仅保证了发展的长期性、保护生产力发展的可持续性，同时保证了发展的全面性，使人民群众在享受物质生活改善的同时拥有优越的自然环境与文化环境成为可能，为人的自由全面发展提供了方法论。

中国特色社会主义"总体布局"是推动协调发展的抓手和依据，要求正确处理发展中的重大关系，增强理论与实践结合的能力，加快推进需求结构、产业结构、城乡结构、地域结构的调整优化，不断增强发展的整体性，提升实际工作成效。具体而言，协调发展理念要求提高统筹各领域各事物协调发展的能力，直面发展中的协调问题，善用辩证思维谋划发展，合理处理整体利益与局部利益的关系，实现两个重点的有机统一，形成平衡发展的新结构，提升协调发展水平；要求重点处理好经济与社会、城乡区域、人与自

---

① 习近平：《决胜全面建成小康社会 夺取新时代中国特色社会主义伟大胜利》，人民出版社2017年版，第11页。

然、国内国外、政治经济文化、新"四化"、政府与市场、经济建设与国防建设等重大关系的协调发展，促进新型工业化、信息化、城镇化、农业现代化同步发展，在增强国家硬实力的同时注重提升国家软实力。通过聚焦问题补短板，直面问题找出路，围绕问题谋对策，针对问题开药方，不断增强发展的整体性、全面性、协同性，把补齐短板的过程变成拓展空间、释放潜能的过程，不断增强发展整体性，使人民获得感、幸福感、安全感更加充实，更有保障，更可持续。在体制机制方面，促进协调发展必须坚持党"总揽全局，协调各方"的地位和作用。就是要按照总揽全局、协调各方的原则，加强和改进党对人大、政协工作的领导，支持政府依法行政，维护司法权威和司法公正，正确处理好各种矛盾，协调好各方面的关系，统筹兼顾好各个领域的发展，走自己的发展道路。

协调发展理念在新时代具有鲜明的战略指向。首先，区域协调发展是全面建成小康社会的必然要求。党的十八届五中全会指出："推动区域协调发展，塑造要素有序自由流动、主体功能约束有效、基本公共服务均等、资源环境可承载的区域协调发展新格局。"[①]党的十九大强调的"实施区域协调发展战略"，具体措施就是加大力度支持革命老区、民族地区、边疆地区、贫困地区加快发展，强化举措推进西部大开发形成新格局，深化改革加快东北等老工业基地振兴，发挥优势推动中部地区崛起，创新引领率先实现东部地区优化发展，建立更加有效的区域协调发展新机制。要实施乡村振兴战略，坚持农业农村优先发展，按照产业兴旺、生态宜居、乡风文明、治理有效、生活富裕的总要求，建立健全城乡融合发展体制机制和政策体系，加快推进农业农村现代化。其次，要促进新型工业化、信息化、城镇化、农业现代化同步发展，不能有所偏废。习近平指出："用循环经济和生态经济的理论来指导工业发展，实现工业化和资源、环境、生态的协调发展。""要促进人与自然

---

① 《中共十八届五中全会在京举行》，载《人民日报》，2015年10月30日，第1版。

的和谐共生，经济发展中的资源开发不是单一的，而是综合的；不是单纯讲经济效益的，而是要达到社会、经济、生态三者效益的协调。"第三，要推动物质文明与精神文明协调发展，就是要在增强国家硬实力的同时注重提升国家软实力，不断增强发展整体性。习近平指出："在坚持经济建设这个中心不动摇的同时，强调促进经济、社会和人的全面发展，强调促进社会主义物质文明、政治文明和精神文明协调发展。"[1]这体现了重点论和全面论的统一。第四，要促进经济与社会协调发展，经实践表明，社会建设和社会管理是构建社会主义和谐社会的内在要求。只有建立起与社会主义经济、政治、文化体制相适应的社会体制，才能形成与社会主义经济、政治、文化秩序相协调的社会秩序。第五，要推进经济建设与国防建设融合发展。习近平指出："经济建设与国防建设同为国家的两大职能，同为我国现代化建设的两大战略任务，同为综合国力的重要内容……没有强大的国防，就没有一个和平的国际环境和安定的国内环境，就不可能顺利进行经济建设。我们必须始终坚持以经济建设为中心，国防建设与经济建设协调发展的方针。"[2]

（三）绿色发展理念的战略意识

绿色发展理念的战略意识总体表现为：把保护生态上升为保护生产力和保护生命的高度，就是要按照习近平总书记的部署，以提高环境质量为核心，以解决生态环境领域突出问题为重点，加大生态环境保护力度，提高资源利用效率，为人民提供更多优质生态产品，协同推进人民富裕、国家富强。可见，建设生态文明是关系人民福祉、关乎民族未来的大计，是实现中华民族伟大复兴中国梦的重要内容。落实绿色发展理念就是要按照尊重自然、顺应自然、保护自然的理念，贯彻节约资源和保护环境的基本国策，把

---

[1] 《中共十八届五中全会在京举行》，载《人民日报》，2015年10月30日，第1版。
[2] 《习近平与"十三五"五大发展理念·协调》，中新网，http://www.chinanews.com/ll/2015/11-02/7599974.shtml。

生态文明建设融入经济建设、政治建设、文化建设、社会建设各方面和全过程，推动形成人与自然和谐发展现代化建设新格局。

首先，"正确处理好经济发展同生态环境保护的关系，牢固树立保护生态环境就是保护生产力、改善生态环境就是发展生产力的理念"。[①]习近平总书记这一重要论述，深刻阐明了生态环境与生产力之间的关系，是对生产力理论的重大发展，饱含尊重自然、谋求人与自然和谐发展的价值理念和发展理念。发达国家一两百年出现的环境问题，在我国40年来的快速发展中集中显现，中国要实现工业化、信息化、城镇化、农业现代化，必须走出一条区别于西方的新的发展道路。落实绿色发展理念，必须推动生产方式和消费模式的绿色转型。实践证明，也只有更加重视生态环境这一生产力的要素，更加尊重自然生态的发展规律，保护和利用好生态环境，才能更好地发展生产力，在更高层次上实现人与自然的和谐。这就要克服把保护生态与发展生产力对立起来的传统思维，下大决心、花大气力改变不合理的产业结构、资源利用方式、能源结构、空间布局、生活方式，更加自觉地推动绿色发展、循环发展、低碳发展，探索走出一条既能依托生态环境推动经济和人的发展，又能保护生态环境的新路，实现经济社会发展与生态环境保护的共赢。

其次，要把绿色发展理念贯穿到整个发展空间中去，强化空间战略思维，优化空间战略布局。按照中央"十三五"规划建议，就是要把强化主体功能区作为国土空间开发保护基础制度的作用，加快完善主体功能区政策体系，推动各地区依据主体功能定位发展。同时，根据不同主体功能区定位要求，健全差别化的财政、产业、投资、人口流动、土地、资源开发、环境保护等政策，实行分类考核的绩效评价办法。重点生态功能区实行产业准入负面清单，要加大对农产品主产区和重点生态功能区的转移支付力度，建立健

[①]《〈习近平总书记系列重要讲话读本〉之八：绿水青山就是金山银山》，载《人民日报》，2014年7月11日，第12版。

全区域横向生态补偿机制；要以市县级行政区为单元，建立由空间规划、用途管制、差异化绩效考核等构成的空间治理体系。在空间开发前期、中期和后期要分别建立资源环境承载能力监测预警机制，对接近或达到警戒线的地区实行限制性措施，实施土地、矿产等国土资源调查评价和监测工程，提升测绘地理信息服务保障能力，开展地理国情常态化监测，推进全球地理信息资源开发等。

第三，要树立节约集约循环利用的资源观，推动资源利用方式根本转变。根据不同资源的属性，具体到各类资源的利用中，就是要全面推动能源节约，落实最严格的水资源管理制度，实施全民节水行动计划；严控新增建设用地，有效管控新城新区和开发区无序扩张；加强矿产资源节约和管理；大力发展循环经济；倡导勤俭节约的生活方式；建立健全资源高效利用机制；加大环境综合治理力度，创新环境治理理念和方式，实行最严格的环境保护制度，强化排污者主体责任，形成政府、企业、公众共治的环境治理体系，实现环境质量总体改善。要深入实施污染防治行动计划，大力推进污染物达标排放和总量减排。此外，要严密防控环境风险，加强环境基础设施建设，改革环境治理基础制度。

第四，要坚持保护优先、自然恢复为主，推进自然生态系统保护与修复，筑牢生态安全屏障。习近平总书记强调，环境治理是一个系统工程，必须作为重大民生实事紧紧抓在手上。要按照系统工程的思路，抓好生态文明建设重点任务的落实，切实把能源资源保障好，把环境污染治理好，把生态环境建设好，为人民群众创造良好生产生活环境。因此要开展大规模国土绿化行动，扩大退耕还林还草，保护治理草原生态系统，保护修复荒漠生态系统，加快风沙源区治理，遏制沙化扩展主要保障重要河湖湿地及河口生态水位，保护修复湿地与河湖生态系统，建立湿地保护制度。实施生物多样性保护重大工程，强化自然保护区建设和管理，加大典型生态系统、物种、基因和景观多样性保护力度；要积极应对全球气候变化，坚持减缓与适应并重，主动控制碳排放，落实减排承诺，增强适应气候变化能力，深度参与全球气候治理，为应对全球气候变化做出贡献。要加强生态文明制度建设，建立健全生态风险防控体系，提升突发生态环境事件应对能力，保障国家生态安全。要发展绿色环保产业，培育服务主体，推广节能环保产品，支持技术装备和服务模式创新，完善政策机制，促进节能环保产业发展壮大。

（四）开放发展理念的战略意识

开放发展理念同创新、协调、绿色、共享理念一样，不只是停留于思想层面的理念成果，更具有方法论层面的战略指导意义，具有突出的战略意识，反映了中国共产党固有的一种将理论运用于实践，通过对现实实践的指导，把理论的力量变为现实的物质力量的自觉。开放发展理念的核心是解决发展层面的内外联动问题，立足国内、放眼全球来看，开放发展理念就是要实现中国特色的社会主义市场经济体系同世界市场经济体系的双向互动，实现国家之间的良性互动，充分利用好国内外两个市场、两种资源，将扩大对外开放同促进自身又好又快发展结合起来，将利用外资来促进我国的经济发展同以我国经济又好又快发展带动其他国家和地区经济共同发展结合起来。开放发展理念的战略着力点是提高开放质量、发展更高层次的开放型经济。我国经济发展进入新常态，表现出速度变化、结构优化、动力转换三大特点，加快经济发展方式转变和提高发展质量效益的任务更加紧迫。引领经济发展新常态，用好内涵发生深刻变化的重要战略机遇期，必须用高水平开放推动高质量发展。开放发展理念既是国内经济结构调整升级的现实需要，又是顺应世界经济一体化大趋势的具有前瞻性的战略选择。开放发展理念的落脚点是构建和优化内外联动的开放发展模式，这也是其战略意识的最直观表现。以开放发展理念为指导，除了继续引进外资和外来技术外，还要不断完善对外开放的机制，在开放发展中积极参与国际事务，尤其是要积极参与国际规则的制定，并承担必要的大国责任，履行相应的大国义务。通过内外频繁有效的互动，巩固国家间的相互信任，增进国家间互利共赢的经贸关系，加强具有命运共同体意义上的人文交流，在全球发展格局中注入更多的中国元素，从而优化内外联动的开放发展模式，使内外联动更好地适应于今后一个时期的发展环境，提高开放型经济水平，推动实现社会经济的健康发展。

我们在前面也讲过，开放发展理念具有丰富的内涵，显然不是对过去做法的简单重复，而是要以新思路、新举措发展更高水平、更高层次的开放型经济；既立足国内，充分发挥我国资源、市场、制度等优势，又更好利用国际国内两个市场、两种资源，以开放促改革、促发展、促创新，与世界各国互利共赢、共享发展成果。开放发展理念最直接的要求就是要推动形成全面开放新格局。党的十九大报告指出，推动开放发展就是要"以'一带一路'建设为重点，坚持引进来和走出去并重，遵循共商共建共享原则，加强创新能力开放合作，形成陆海内外联动、东西双向互济的开放格局"。[①]这其中蕴含着拓展对外贸易、培育贸易新业态新模式，推进贸易强国建设的战略指向。按照"十三五"规划要求就是要实行高水平的贸易和投资自由化、便利化政策，全面实行准入前国民待遇加负面清单管理制度，大幅度放宽市场准入，扩大服务业对外开放，保护外商投资合法权益，赋予自由贸易试验区更大改革自主权，探索建设自由贸易港，创新对外投资方式，促进国际产能合作，形成面向全球的贸易、投融资、生产、服务网络，加快培育国际经济合作和竞争新优势。

在具体部署层面，开放发展一定是全面的、双向的开放，即要促进国内国际要素有序流动、资源高效配置、市场深度融合，加快培育国际竞争新优势。按照党的十八大以来以习近平同志为核心的党中央的部署，开放发展必须完善对外开放区域布局，加强内陆沿边地区口岸和基础设施建设，开辟跨

---

① 习近平：《决胜全面建成小康社会 夺取新时代中国特色社会主义伟大胜利》，人民出版社2017年版，第34页。

境多式联运交通走廊；必须发展外向型产业集群，形成各有侧重的对外开放基地；必须加快海关特殊监管区域整合优化升级，提高边境经济合作区、跨境经济合作区发展水平。特别要深入推进国际产能和装备制造合作，开展国际产能和装备制造合作，推动装备、技术、标准、服务走出去。同时要加快对外贸易优化升级，实施优进优出战略，推动外贸向优质优价、优进优出转变，加快建设贸易强国；要提升利用外资和对外投资水平，扩大开放领域，放宽准入限制，积极有效引进境外资金和先进技术，提升利用外资综合质量；要完善法治化、国际化、便利化的营商环境，健全有利于合作共赢、同国际投资贸易规则相适应的体制机制；要营造公平竞争的市场环境、高效廉洁的政务环境、公正透明的法律政策环境和开放包容的人文环境；要完善境外投资发展规划和重点领域、区域、国别规划体系。健全备案为主、核准为辅的对外投资管理体制，健全对外投资促进政策和服务体系，提高便利化水平；要扩大金融业双向开放，有序实现人民币资本项目可兑换，提高可兑换、可自由使用程度，稳步推进人民币国际化，推进人民币资本走出去。此外，还要通过强化对外开放服务保障、优化人文交流环境、积极参与全球经济治理、积极承担国际责任和义务等方式保障开放发展格局和质量的稳步提升。

（五）共享发展理念的战略意识

共享发展理念是"以人民为中心"的发展思想的集中体现，"以人民为中心"是中国共产党的根本宗旨和执政理念升华，规定了新时代党领导治国理政的战略方向、价值和归宿。提出共享发展理念，体现了我们党以马克思主义政治经济学基本理论及其发展成果为指导的战略自觉。共享发展理念的战略自觉最直观的体现就是继续"做大蛋糕""分享红利"。从宏观上来说，就是要把坚持党的领导、人民当家作主与依法治国相结合，这是构成改革发展内生红利共享的政治保障；从中观来讲，就是要坚持把深化改革、扩大开放与科学发展相结合,这是构成改革发展内生红利共享的根本动力;从微观来讲,就是要坚持把政府调控的主导作用、国有企业的主体地位以及市场要素的决定作用相结合,这是构成改革发展内生红利共享的基础条件。

共享发展理念蕴含着夯实经济基础的战略意识。一方面,共享发展突出的是社会主义的制度属性,天然地蕴含着"共建"的逻辑,强调坚持和完善社会主义基本经济制度,不仅不能动摇公有制经济的地位,而且要更加积极主动"做强做优做大国有企业",彰显中国社会主义政治经济学的独特优势,不断优化与经济发展相适应的上层建筑,从经济体制改革入手,优化所有制结构和产业结构、调整生产资料配置和收入分配格局、提升宏观调控效率和劳动生产率。马克思在《论土地国有化》一文中指出:"生产资料的全国性的集中将成为自由平等的生产者的各联合体所构成的社会的全国性的基础。"[1]也就是说,生产资料国有化是社会主义的"全国性"基础,无产阶级领导建立国有经济是社会主义实践的制度基础。国有经济是壮大国家综合实力、保障人民共同利益、保证人民共享发展成果的重要力量和制度保证,理直气壮做强做优做大国有企业,可以为人民群众创造更丰富的就业机会、发展平台和劳动成果。另一方面,共享发展强调对于非公有制经济形态也要采取积极支持的态度,在保证非公经济活力和国有企业公有性质的前提下,鼓励非公有制企业参与国有企业改革,积极探索混合所有制经济形态,为经济发展注入新型市场经济和现代分享经济元素,激发创造活力,转换发展动力,保障平等参与,促进创新创业,使全体社会成员公平享有和有效支配权利、机会、资源,共同参与社会生产,形成高效有序参与的共建环境和机制。正如习近平总书记所言,要"提供各种有利条件,为各行业各方面的劳动者、企业家、创新人才、各级干部创造发挥作用的舞台和环境"[2]。在坚持社会主义

---

[1]《马克思恩格斯文集》(第3卷),人民出版社2009年版,第233页。
[2]《〈习近平总书记系列重要讲话读本(2016年版)〉之八:以新发展理念引领发展》,载《人民日报》,2016年4月29日,第9版。

基本经济制度的前提下，探索确保共享主体共同参与社会劳动的体制机制，形成共建共享的新型生产关系格局，重点扩大物质资料生产，夯实生产力基础；进一步完善收入分配制度，构建实现共享发展的分配制度体系，形成良好的共建环境和有序的共享机制，从而共同做大社会主义"蛋糕"，为共享发展奠定丰厚的物质基础，体现了夯实经济基础的战略自觉。

共享发展理念体现了优化分配方式的战略意识。共享理念的实现最直接的方式是分配与再分配，正因为此，共享发展最直接的要求是分配正义，落实共享发展理念，关键是要坚持和完善社会主义分配制度和社会保障制度，确保改革发展成果由全体人民共享。收入分配是共享成果、改善民生的最直接方式。马克思分配正义理论有两层具体含义：一是指生产资料占有和支配意义上的公平正义；二是在经济社会生活中，人人都有平等地参与生产、支配劳动、享用成果的权利。现实地讲，就是要坚持社会主义分配原则，充分考量经济社会发展状况和社会民生需求，适时调整收入分配格局，完善以税收、社会保障、转移支付等为主要手段的再分配调节机制，维护社会公平正义，解决好收入差距问题，使发展成果更多更公平地惠及全体人民。可见，分配正义是共享的直接要求，也是共享的实现方式。深化收入分配制度改革首要任务就是要实现"两个增长"的同步和提高"两个比重"。这一改革举措的理想结果就是要使低收入者在各种社会政策的支持下增加收入，接近或达到中产阶层的收入水平，而高收入阶层则会在相关分配政策和调节手段的调控下，逐步缩小与其他收入阶层之间的差距，在人民总体收入水平持续提高的前提下，不断扩大中等收入群体，扩大中等收入阶层，逐步形成"橄榄形"分配格局。针对"收入分配不公"问题，应该把工作重点放在规范收入分配秩序和完善收入分配调控体系上，完善产权保护制度，探索建立个人收入和财产信息系统，打击非法收入，对个人收入进行保护和调节。同时，依靠改革和法治手段，从根本上遏制腐败收入、寻租收入和垄断性收入以及由此带来的收入分配不公问题。

第六章
新发展理念的落实

共享发展理念突出了满足人们美好生活需要的战略意识。党的十九大指出:"保障和改善民生要抓住人民最关心最直接最现实的利益问题,既尽力而为,又量力而行,一件事情接着一件事情办,一年接着一年干。坚持人人尽责、人人享有,坚守底线、突出重点、完善制度、引导预期,完善公共服务体系,保障群众基本生活,不断满足人民日益增长的美好生活需要,不断促进社会公平正义,形成有效的社会治理、良好的社会秩序,使人民获得感、幸福感、安全感更加充实、更有保障、更可持续。"[1]前已有述,共享发展着眼于发展中的民生短板和公平正义问题,在幼有所育、学有所教、劳有所得、病有所医、老有所养、住有所居、弱有所扶上不断取得新进展,深入开展脱贫攻坚,保证全体人民在共建共享发展中有更多获得感,不断促进人的全面发展、全体人民共同富裕。中央在"十三五"规划中建议,把共享发展作为重要的战略部署,强调坚持共享发展,就是要"按照人人参与、人人尽力、人人享有的要求,坚守底线、突出重点、完善制度、引导预期,注重机会公平,保障基本民生,实现全体人民共同迈入全面小康社会"[2],并提出了"增加公共服务供给""实施脱贫攻坚工程""提高教育质量""促进就业创业""缩小收入差距""建立更加公平更可持续的社会保障制度""推进健康中国建设""促进人口均衡发展"等重要战略举措,指向的就是要把不断做大的"蛋糕"分好,让人民群众有更多获得感,不断满足人们美好生活需要。

---

[1] 习近平:《决胜全面建成小康社会 夺取新时代中国特色社会主义伟大胜利》,人民出版社2017年版,第45页。

[2]《中国共产党第十八届中央委员会第五次全体会议公报》,人民出版社2015年版,第6页。

/ 第七章 /

中国理念的世界意义

新发展理念充分把握人类发展理念的演进规律，在全面总结我国各阶段建设经验的基础上，系统性地反思资本主义发展观，进而形成一整套内部要素相辅相成的理念体系，展现出社会主义发展理念的继承性、创新性、实践性和战略性。新发展理念的诞生有着深刻的国际背景。人类历史进入21世纪，资本主义经济体系面临重大险情，以"华盛顿共识"为标志的西方发展模式遭遇瓶颈。2008年世界经济危机的蔓延，加剧了欧美传统大国的财政困难和多种社会问题，广大发展中国家也被裹挟牵连而步履维艰。相比之下，中国在这场全球灾难中的稳立潮头引发了世界范围的热议，向中国问计正在成为越来越多国家和地区求生存、谋发展的主观愿望和现实选择。

新发展理念不仅是中国的，也是世界的。随着我国国家实力和国际影响力的日渐提升，针对如何走出发展迷局，如何解决发展难题的困惑，世界各国和国际组织越来越希望听到中国声音，越来越期盼看到中国方案，越来越渴求借鉴中国发展新文明。2017年10月，党的十九大明确将坚持贯彻"创新、协调、绿色、开放、共享"的新发展理念，作为新时代中国特色社会主义建设的一项基本方略。此举说明中国新发展理念业已成熟，将在当前和未来一个时期内产生重大的现实影响，它所蕴含的世界意义也将得到进一步彰显。

一、走出发展迷思

在人类社会的各项事务当中，"发展"无疑是最具有魅力的一个。它向人们承诺生存境况的改善，它所描绘的未来图景总是那样令人着迷，惹人幻想。美国社会学家罗伯特·尼斯比特（Robert Nisbet）认为，"发展"是一个享有特殊威望的科学用语，推动发展进程的条件与保障其正当性的思维传统联系紧密，这种思维传统甚至可以追溯到某种神话。[1]按照辩证唯物主义认识论的经典阐释，人的思想、观念和意识是人们物质活动的直接产物。[2]回顾世界近代历史，资本主义生产方式的扩张引发了人类财富的几何级增长，同时也创造了无数个震古烁今的发展神话。时至今日，发展早已演变为人类的集体信仰，人们深信一切问题都会因发展而得到妥善解决。然而，极端的乐观心理经常会使人遗忘掉"魅力"背后的"魅惑"，在"神话"与"现实"之间的鸿沟面前漫不经心、麻痹大意。当真正的危机猝然降临，建立在以往成功经验基础上的迷信思想黔驴技穷，解难纾困的紧迫性将人们无情地推向了充满"发展迷思"[3]的深渊。

（一）动力迷思

动力在发展问题中处于核心地位，理解动力迷思是全面认识发展迷思的重要组成部分。资本主义生产方式出现之后，人类社会进入了一个加速变革的历史阶段。如何描述和解释各种突如其来的深刻变化，成为当时人们必须加以回应的时代课题。随着近代自然科学的进步，人类认识自然界的能力得到空前提升，并且形成了一种以"进化论"为主导的社会理解方式。这种通过简单类比，借用自然科学来认识人类社会的做法，直接导致了"自然主义发展观"的出现。"自然主义发展观"重视环境对于事物生存发展的意义，它

---

[1] Robert A. Nisbet: Social Change and History: Aspects of Western Theory of Development, New York: Oxford University Press, 1968, p.335.
[2] 《马克思恩格斯文集》(第一卷)，人民出版社2009年版，第574—576页。
[3] "迷思"是一个舶来词汇，是英文"myth"的直接音译。它的本义是指人为创造的、用来解释自然或历史重大事件的古代神话，引申义为一种被很多人接受的错误观念。在当前主流人文社会科学领域，"迷思"主要是指人们在面对一种在特定历史条件下形成的主导观念不足以满足现实需求的背景下，对已经暴露出诸多局限的旧主导观念产生怀疑，却又没有寻找到新的替代观念时，所呈现出的一种焦虑彷徨的思想和精神状态。在国际关系领域，"发展"主要指的是世界各国在国际法和国际道义上所享有的不可剥夺的主体权利和价值追求，它与"和平"一起被普遍视为当代世界的两大主题。因此，"发展迷思"可以理解为世界各国和其他相关国际行为体围绕发展问题，对旧的主流发展理念和发展模式怀疑失望，而又尚未确立新的发展理念和发展模式时的踟蹰困顿状态。

否定变化的偶然性,认为事物是完全按照既定规律自发生长的。①后世西方社会科学将发展完全交给市场这只无形的手,政府充当守夜人的传统思想,在一定程度上与"自然主义发展观"是一脉相承的。应当承认,将社会进行自然化的理解曾经为人类的社会认知做出过积极贡献。然而,人类社会的特殊性终究不允许过分简化的线性解释,因为充满偶然性的社会发展不可能一劳永逸,在发展这个"大车间"里不存在永动机。人们必须紧跟时代步伐,在发展的动态过程中不断寻求新的发展动力。

新世纪之初,肇始于美国的次贷危机对全球经济造成了持久的负面影响。2012年12月,美国国家情报委员会(NIC)发布《全球趋势2030》报告,将不稳定的全球经济列为改变未来世界格局的六大因素之首②。国际货币基金组织(IMF)在2016年发布的《世界经济展望:太过迟缓与漫长》报告,一再降低有关世界经济发展前景的预测数据③。2015年11月,习近平总书记在土耳其安塔利亚二十国集团领导人峰会上发表了题为《创新增长路径 共享发展成果》的演讲,强调"世界经济长远发展的动力源自创新。总结历史经验,我们会发现,体制机制变革释放出的活力和创造力,科技进步造就的新产业和新产品,是历次重大危机后世界经济走出困境、实现复苏的根本"。④针对动力迷思,中国的新发展理念坚持把创新作为引领发展的第一动力,把创新摆在国家发展全局的核心位置,认为只有不断推进理论、制度、

---

① [瑞士]吉尔贝·李斯特:《发展的迷思:一个西方信仰的历史》,社会科学文献出版社2011年版,第23-25页。

② National Intelligence Council. Global Trends 2030: Alternative Worlds, December 2012, https://www.dni.gov/files/documents/GlobalTrends_2030.pdf.

③ International Monetary Fund. World Economic Outlook: Too Slow for Too Long, April 2016, http://www.imf.org/external/pubs/ft/weo/2016/01/pdf/text.pdf. International Monetary Fund: World Economic Outlook Update, July 19, 2016, http://www.imf.org/external/pubs/ft/weo/2016/update/02/pdf/0716.pdf.

④《创新增长路径 共享发展成果》,人民网,2015年11月16日,http://politics.people.com.cn/n/2015/1116/c1024-27817591.html.

科技和文化等各方面的创新才能够更好地实现发展。在国际知名学者叶恩华（George S. Yip）和马科恩（Bruce Mckern）看来，超越了发展初期的单纯模仿，由创新驱动的发展正在成为中国的下一个战略优势[①]。由此可见，新发展理念所主张的全面创新无疑是为发展加油续航的有效手段，是引导全球走出发展动力迷思的重要经验参照。

（二）均衡迷思

面对国家内部经济社会的各组成部分，均衡迷思主要反映的是国家采取何种发展方式的问题，即部分优先发展还是整体协调发展的问题。从全球范围来看，各个国家在不同的发展阶段对二者有着不同的取舍。就中国的经验而言，改革开放初期采取的是一种东部沿海地区优先的发展方式，在东部地区取得发展成就之后，越来越强调区域之间的协调发展。此外，不同的取舍所造成的结果也是大相径庭的。美国在二战之后登上世界权力的顶峰，而麦卡锡主义和"垮掉的一代"则突显了物质文明与精神文明的脱节。国防建设和经济发展的跛足而行最终成为拖垮苏联的关键因素。城市与乡村发展的失衡早已成为印度社会经济疲弱的重要原因。近年来苏格兰和加泰罗尼亚地区的独立风潮，一定程度上是由于历史和政治原因，但英国和西班牙内部区域发展不协调无疑也是重要的推动力量。历史的殷鉴不远，在面临部分优先发展或整体协调发展选择的时候，人们很容易陷入均衡的发展迷思。实际上，国家的发展始终是一个整体，所有不合情理的偏废都将自食发展的恶果。换句话说，整体协调发展应该是终极追求，阶段性的部分优先发展只能是实现整体协调发展的暂时手段。

正是基于国家发展的整体性考量，中国的新发展理念强调协调发展。党

---

① George S. Yip and Bruce Mckern: China's Next Strategic Advantage: From Imitation to Innovation, MIT Press, April 2016.

中央在制定"十三五"规划的过程中指出,"增强发展协调性,必须坚持区域协同、城乡一体、物质文明精神文明并重、经济建设国防建设融合,在协调发展中拓宽发展空间,在加强薄弱领域中增强发展后劲"[①]。协调发展理念有利于充分发挥各地区的资源优势,在加强地区之间交流互动的基础上,更好地实现资源流通和优势互补,通过激活地区内在的发展潜力拓展国家发展的内部空间。协调发展理念有利于统筹城市和乡村发展一体化,用乡村的基础优势支援城市建设,以城市的先进发展成果反哺乡村,进而实现城市居民和乡村农民的共同发展。协调发展理念有利于加强物质文明和精神文明的互动,通过物质文明建设为精神文明建设奠定坚实基础,借由精神文明成果为物质文明建设提供精神动力,进而在物质文明与精神文明的良性互动中构建新型发展文明。协调发展理念有利于推动经济建设和国防建设之间的协调,既不因经济建设忽视国防建设,也不因国防建设搁置经济开发,而是通过两者之间的相辅相成走出一条军民融合的新型发展道路。综上所述,协调发展理念充分照顾到了国家内部各经济社会组成部分的发展需求,是一种兼容并蓄的辩证发展理念,能够为世界各国应对各自发展过程中的均衡迷思提供有益的思想借鉴。

(三)环境迷思

从某种角度上讲,人类社会的发展可以看作是一个人们利用自然和开发自然的过程。产业革命之后,西方工业化思路主导了全球经济社会发展。为了发展,一切牺牲似乎都变成了必需和必要。相对于发展所带来的良好成效,环境破坏不过是在所难免的小问题。然而随着工业化在全球范围内的扩张,环境正在以越来越强大的反噬力量迫使人们进行深刻反思。究竟是要不

[①]《中共中央关于制定国民经济和社会发展第十三个五年规划的建议》,载《人民日报》,2015年11月2日,第1版。

第七章
中国理念的世界意义

惜一切代价的经济增长，还是要清洁绿色的生态环境，这种极端的二元取舍使人们陷入了因发展导致的环境迷思。20世纪70年代初期，罗马俱乐部发表了轰动一时的著名报告《增长的极限》，在工业化发展的黄金时代向西方发达国家提出了严正的警告。以"征服自然"为口号的经济增长模式正在将人与自然严峻地对立起来，来自生态系统的报复使得传统的工业化发展道路越来越难以为继[1]。"我们不只是继承了父辈的地球，而是借用了儿孙的地球。"传统的发展思维导致的发展恶果严重阻碍了人类社会的可持续发展，在全球生态环境破坏面前，没有任何一个民族和国家能够独善其身。因为人类只有一个地球，如何处理国家建设与自然环境之间的关系不仅涉及一个国家的自身发展，更是一个具有世界影响的重大现实问题。

在改革开放过程中，我国也曾经走过一段处理二者关系的弯路，代价是山不再绿、水不再清，生态环境遭遇严重恶化。2015年9月，习近平总书记在第七十届联合国大会一般性辩论时的讲话中提到，"我们要构筑尊崇自然、绿色发展的生态体系。人类可以利用自然、改造自然，但归根结底是自然的一部分，必须呵护自然，不能凌驾于自然之上"[2]。2017年10月，党的十九大报告明确指出，"人与自然是生命共同体，人类必须尊重自然、顺应自然、保护自然。人类只有遵循自然规律才能有效防止在开发利用自然上走弯路，人类对大自然的伤害最终会伤及人类自身，这是无法抗拒的规律。我们要建设的现代化是人与自然和谐共生的现代化，既要创造更多物质财富和精神财富以满足人民日益增长的美好生活需要，也要提供更多优质生态产品以满足人民日益增长的优美生态环境需要"[3]。新发展理念所倡导的绿色发展将人与

---

[1] [美]丹尼斯·米都斯等：《增长的极限：罗马俱乐部关于人类困境的报告》，李宝恒译，吉林人民出版社1997年版。

[2] 《携手构建合作共赢新伙伴 同心打造人类命运共同体》，载《人民日报》，2015年9月29日，第2版。

[3] 习近平：《决胜全面建成小康社会 夺取新时代中国特色社会主义伟大胜利》，人民出版社2017年版，第50页。

自然视为生命共同体，强调两者和谐共生对人民美好生活的重要意义。这样一种以人为中心的绿色发展理念不仅源自中国对自身发展经验的深刻总结，同时也体现了全人类发展的共同诉求。无论是西方发达国家还是广大发展中国家，都可以在中国的绿色发展理念中汲取一种既要环境也要发展的和谐智慧。

（四）联动迷思

联动指的是一个国家与世界的关联与互动，联动迷思主要反映的是一个国家对全球化采取欢迎或者排斥的主观选择问题。全球化是一种以资本的世界流动为前提的经济发展过程，它在冷战结束之后获得了空前的拓展。在西方发达国家的大力宣传和倡导下，全球化似乎成了一股不可抗拒的时代潮流，并预示着"共享"与"发展"。"事实上，根据各种情况，某些人认为自己得到了解救，并为新的经济或社会发展的机会而兴奋不已；而另一些人则可能越来越觉得受到威胁与无能为力。"[1]这两种截然不同的感受是由于全球化本身所具有的双重影响引发的。全球化通过推动各国市场要素的跨疆界流动，促进了世界经济贸易繁荣的同时，也加剧了全球范围内的不平等，世界经济舞台上的南北差距问题进一步恶化。[2]在全球化的历史上，陷入联动迷思的绝大多数是发展中国家和贫困国家。而在2016年之后，以英美为代表的多个西方发达国家也开始对全球化进行反思。英国通过脱欧公投，美国筑起贸易壁垒，一股"逆全球化"潮流悄然兴起，世界上更多的国家被联动迷思所困扰。

改革开放后的中国在处理与世界关系的过程中，走的是一条渐进融入全球化的联动道路。20世纪80年代初期，中国逐步与世界经济体系接轨，开启

---

[1] [英] 戴维·赫尔德等：《驯服全球化》，童新耕译，上海译文出版社2005年版，第1页。
[2] [英] 保罗·赫斯特，格雷厄姆·汤普森：《质疑全球化：国际经济与治理的可能性（第二版）》，社会科学文献出版社2002年版；[德] 汉斯-彼得·马丁等：《全球化陷阱：对民主和福利的进攻》，中央编译出版社2001年版。

了社会主义框架下的市场经济改革。20世纪90年代，中国日渐走出传统社会主义，开始形成有中国特色的市场经济。从历史进程上看，中国与世界的联动经历了从单一市场经济到多元市场经济的发展脉络，①中国对全球化的态度也经历了一个从逐渐磨合到全面开放的发展过程。2015年11月，习近平在会见基辛格等中美"二轨"高层对话美方代表时强调，"中国将贯彻创新、协调、绿色、开放、共享的发展理念，继续全面深化改革，坚持开放发展，顺应中国经济深度融入世界经济的趋势，奉行互利共赢的开放战略，发展更高层次的开放型经济"②。2017年10月，党的十九大报告明确指出，"开放带来进步，封闭必然落后。中国开放的大门不会关闭，只会越开越大"③。实际上，全球化是国际互动的结果，它本身并不完全带有价值判断。任何一个国家在应对全球化的时候，都必然面临它与本土化的关系问题。中国的新发展理念向世界昭示，只有通过努力的自身建设才能够增强国家在世界经济中的自主性。中国所坚持的开放发展摒弃了历史上西方大国与人为壑的观念和做法，以互利共赢为原则的开放发展受到了世界各国的欢迎和称赞。

（五）分配迷思

分配主要关注的是经济社会发展成果由谁享有多少的问题，分配迷思主要反映的是如何处理发展中的社会公平正义问题。在国家的发展过程中有一种比较普遍的现象，经济发展成就的取得总会在不同程度上引起社会内部的贫富分化。中国儒家学说经典《论语·季氏篇》曾经尖锐地指出，"不患寡而

---

① [英]罗纳德·哈里·科斯、王宁：《变革中国：市场经济的中国之路》，徐尧、李哲民译，中信出版社2013年版，第61-265页。
② 《习近平会见基辛格等中美"二轨"高层对话美方代表》，载《人民日报》，2015年11月3日，第1版。
③ 习近平：《决胜全面建成小康社会 夺取新时代中国特色社会主义伟大胜利》，人民出版社2017年版，第34页。

患不均,不患贫而患不安"①。相对于国家原有的物质条件,经济发展具有进步意义。但由于分配不均而造成的贫富差距,不仅不利于全体社会成员的共同富裕,还将成为社会稳定团结的隐患。如何在做大经济蛋糕的同时做好社会分配,是国家在发展过程中必然面临的重要问题。作为一种社会价值观念,分配正义主要指的是公平的分配,即在分配过程中坚持以公平为原则。然而公平并不等于平等,绝对的平等是对正义的侵犯,它不仅打击辛勤劳动者的积极性,还会助长不劳而获者的消极懒惰。因此,以公平分配为前提,而且还不削弱整个社会的建设积极性是对国家正义分配能力的重大考验。值得注意的是,当今世界上的国家存在多种不同的社会政治制度,坚持不同的分配正义原则,要找到一种放之四海而皆准的正义原则是不现实的。但消除绝对贫困,将贫富差距控制在一定范围之内,保持各社会阶层之间的合理流动,从广义上已经成为世界各国的普遍共识。

共享发展是中国新发展理念的重要组成部分,它直接反映了中国特色社会主义发展道路的价值取向。将共享作为发展的出发点和落脚点,不仅体现了中国共产党为人民谋福祉的基本立场,同时彰显了中国共产党实现社会共同富裕的责任担当。共享发展理念以维护社会公平正义为目标,坚持发展为了人民、发展依靠人民、发展成果由人民共享,充分表达了中国以人民为中心的价值追求。2013年3月,习近平在第十二届全国人民代表大会第一次会议上指出,"生活在我们伟大祖国和伟大时代的中国人民,共同享有人生出彩的机会,共同享有梦想成真的机会,共同享有同祖国和时代一起成长与进步的机会"②。从政治社会学的角度理解,共享发展机会意味着一种机会平等的权利。机会平等能够有效调动人们的建设积极性,有利于在社会生活中增强人们的获得感和满足感,进而在提升人们主人翁意识的同时凝聚起更强大的

---

① 杨伯峻:《论语译注》,中华书局1980年版,第172页。
② 习近平:《在第十二届全国人民代表大会第一次会议上的讲话》,载《人民日报》,2013年3月18日,第1版。

/ **第七章** /
中国理念的世界意义

集体建设力量。共享发展理念紧紧抓住了"人"这个核心要素,它内在蕴含的人本主义价值取向足以超越一切现代政治制度和意识形态。正因为如此,共享发展理念具有了超越中国局部经验,并为世界走出分配迷思提供有益参考的重大思想价值。

综上所述,中国新发展理念的世界意义之一,在于引导全球走出发展迷思。无论是全球经济版图中的北方与南方,还是世界政治舞台上的左派与右派,发展已经成为世界的普遍诉求。在可以预见的未来,围绕发展问题的思考与讨论具有长期性。人类历史上没有尽善尽美的发展,在全球急剧变革的大转折时代,以往的发展经验需要被重新认识。从这个角度上讲,发展迷思的存在具有一定的现实合理性。但如果人们在集体实践中停止了反思,那就将永远屈从于旧主导观念的权威,在它所标榜的思想图谱与积累而成的现实窘困之间徘徊打转。走出发展迷思是新发展理念的思想宗旨。新发展理念能够有针对性地为西方发展神话祛魅,进而有效推动世界各国在发展迷思中的觉醒。新发展理念是中国引导世界走出发展迷思的最近发声,但它并不企图采取以国家实力为后盾的强制对外推广。正如法国哲学家笛卡尔所言,"从事向别人颁布训条的人一定认为自己比别人高明,如果稍有差错就该受到责备"[①]。理解新发展理念的世界意义并非是自作聪明,这是其明确的实践导向和丰富的思想内涵客观决定的。走出发展迷思最可信赖的是立足于现实的逻辑理性。尽管中国倡导的新发展理念来源于改革开放的特殊经验,但它所蕴含的思想真理必将在这个时代发挥更大的世界影响。

二、解决发展难题

从思想特征上看,新发展理念体现的是一种旨在解决现实发展难题的系

---

① [法] 勒内·笛卡尔:《谈谈方法》,王太庆译,商务印书馆2000年版,第5页。

统思维。而思维都是具有历史属性的，每一个时代的思维"都是一种历史的产物，它在不同的时代具有完全不同的形式，同时具有完全不同的内容"[①]。新发展理念的提出具有双重历史背景：在国际方面，当代世界体系正在进行一场深刻变革，经济结构的转型和大国关系的重组正在将全球导入一个全新的时代；在国内方面，经过改革开放40年的艰苦奋斗，党的十九大正式宣告中国特色社会主义进入新时代[②]。可以说，新发展理念是中国在这两个新时代交叠的发展实践中凝练出来的思想结晶。作为一个重返世界体系的新兴市场国家，中国所面临的多种发展难题在一定程度上具有较强的代表性。以"创新、协调、绿色、开放、共享"为内容的新发展理念，针对的是世界共同面对的发展乏力问题、发展失衡问题、环境破坏问题、开放发展问题和社会分配问题。面对这一系列发展难题，世界各国自行其是却大多疲于应付。此时，中国倡导和遵循的新发展理念已经从多方面给出了一个系统性的答案。

（一）发展乏力问题

2008年波及全球的金融危机产生了深远影响，当前世界经济复苏的缓慢反映出发展动力的不足。2016年6月，世界银行（WB）发布《全球经济前景：分歧与风险》报告，将世界经济的增长预期由年初的2.9%下调至2.4%[③]。而据亚洲开发银行（ADB）于2016年3月发布的题为《亚洲发展展望2016：亚洲的增长潜力》的报告预测，即便是当前全球最具经济活力的亚洲发展中国家，其总体GDP增长率将处在5.7%的水平，创下了继2013年

[①]《马克思恩格斯文集》（第九卷），人民出版社2009年版，第436页。

[②] 习近平：《决胜全面建成小康社会 夺取新时代中国特色社会主义伟大胜利》，人民出版社2017年版，第1页。

[③] World Bank：Global Economic Outlook 2016：Divergences and Risks，June 2016，https：//openknowledge.worldbank.org/bitstream/handle/10986/24319/9781464807770.pdf？sequence=5。

6.4%、2014年6.3%、2015年5.9%之后的历史新低①。与全球经济增长乏力相伴随的，是全球就业市场出现的巨大危机。2016年5月19日，联合国国际劳工组织（ILO）发布的《世界就业与社会前景2016：创造工作以终结贫困》报告称，由于世界经济增长复苏的动力不足，一些生产部门基于对发展前景的不稳定预期而采取保守的发展策略，客观上造成工作岗位的供给不足；加之第三次工业革命对全球就业市场的结构性影响，以机器取代人为劳作的趋势恶化了低技术工种的就业前景。截至2015年年底，全球已有近两亿人处于失业状态，较2008年金融危机之前的数额高出3000多万；经济发展的不明朗前景，使得当前有15亿人的工作存在不稳定状况；在未来一个时期内，全球就业状况将呈现持续恶化的趋势，新兴市场国家所面临的失业状况尤为严重②。

作为全球经济体系的重要参与者和建设者，中国经济与世界经济深度融合，全球性的增长乏力在一定程度上冲击了中国经济的可持续发展。为了解决发展动力难题，中国秉持新发展理念，提出了创新发展战略，坚持以创新作为引领经济发展的首要动力，将创新视为建设现代化经济体系的战略支撑。党的十九大明确了加快建设创新型国家的战略手段：第一，瞄准世界科技前沿，通过基础研究的强化实现前瞻性基础研究，实现引领性原创成果的重大突破；第二，加强应用基础研究，在拓展实施国家重大科技项目的过程中，突出关键共性技术创新、前沿引领技术创新、现代工程技术创新和颠覆性技术创新，从而支撑科技强国、质量强国、航天强国、网络强国、交通强国、数字中国和智慧社会等多方面建设；第三，加强国家创新体系建设，强化战略科技力量；第四，深化科技体制改革，建立以企业为主体、以市场为

---

① Asian Development Bank：Asian Development Outlook 2016：Asia's Potential Growth, May 2016, http：//www.adb.org/sites/default/files/publication/181779/ado-2016-highlights.pdf。

② International Labour Organization：World Employment and Social Outlook 2016：Transforming Jobs to End Poverty, May 19, 2016, http：//www.ilo.org/wcmsp5/groups/public/-dgreports/-dcomm/-publ/documents/publication/wcms_481534.pdf。

导向、产学研深度融合的技术创新体系,加强对中小企业创新的支持力度,促进科技成果的实践转化;最后,倡导创新文化,强化知识产权的创造、保护和运用,通过多种方式培养造就一大批具有国际水平的战略科技人才、科技领军人才、青年科技人才和高水平的创新团队。[①]显而易见,中国的创新发展理念不是仅仅停留在观念层次上的纸上谈兵,它以解决具有世界普遍性的发展乏力难题为现实导向,并且有多种战略操作手段作为贯彻落实的重要支撑。

(二)发展失衡问题

纵观近代以来的国家兴衰史,有四组发展均衡关系在其中扮演了重要角色,即区域之间的发展均衡、城市与乡村的发展均衡、经济与军事的发展均衡,以及物质与精神的发展均衡。在区域发展均衡方面,美国的"西进运动"虽然带有血与火的肮脏野蛮,但却最终成功将广大的中西部地区纳入美利坚发展体系,相对的区域均衡同时也极大地缝合了当初引发内战的南北矛盾;俄罗斯拥有当今世界上最广袤的国土,然而其欧洲地区和远东地区之间发展水平的失衡极大限制了整体国家资源的充分调动和综合国力的提升,这固然与其地区发展定位和地缘政治考量不无关系,但区域发展失衡确实早已成为阻碍俄罗斯发展壮大的重要因素。在城乡发展均衡方面,现代社会的城市化进程造就了灿烂的城市文明,然而对农村问题处理失当必然会引发严重的社会问题。必须承认,不同的发展阶段总是存在不同的突出问题。西方发达国家如今较少面对城乡失衡问题,但在广大的发展中国家群体,尤其是农耕文明历史悠久的地区,城乡问题往往是造成贫富分化的重要诱因。在经济与军事的发展均衡方面,苏联对军事安全的极端认识推动了军事工业的强势

---

① 习近平:《决胜全面建成小康社会 夺取新时代中国特色社会主义伟大胜利》,人民出版社2017年版,第31-32页。

/ 第七章 /
中国理念的世界意义

发展，同时造成了畸形的经济体系；美国则成功走出了一条军民融合之路，使得经济建设与军事建设不仅并行不悖，而且产生了互相推动的良性关系。在物质与精神发展均衡方面，我国早有战略学家指出，精神贫穷将是21世纪人类最大的战略险情，物质与精神错位导致的平庸、意志与品格失衡导致的浮躁、审美与人文跌落导致的庸俗，以及时代与公德断层导致的放荡都将成为人类社会健康发展的重大威胁。[①]

中国的新发展理念强调协调发展，在发展实践中妥善处理上述四组发展均衡关系。针对区域发展失衡问题，中国坚持实施区域协调发展战略，大力支持革命老区、民族地区、边疆地区和贫困地区加快发展，支持资源型地区经济转型发展，通过陆海统筹推动海洋强国建设。针对城乡发展失衡问题，中国将农业、农村、农民问题视为关系国计民生的根本性问题，始终将三农问题放在全党工作的重要位置，坚持农业、农村优先发展，通过建立健全城乡融合发展体制机制和政策体系，促进农业和农村的现代化。针对经济与军事发展失衡难题，党的十九大报告指出，必须"坚持富国和强军相统一，强化统一领导、顶层设计、改革创新和重大项目落实，深化国防科技工业改革，形成军民融合深度发展格局，构建一体化的国家战略体系和能力"[②]。针对物质与精神发展失衡难题，中国始终重视精神文明建设，在物质文明建设取得较大进步的同时，强调文化对于国运兴盛和民族强盛的重要意义，主张通过发展面向现代化、面向世界、面向未来的、民族的、科学的、大众的中国特色社会主义文化，推动社会主义精神文明和物质文明的协调发展。总而言之，无论是从历史的纵向角度追溯，还是从现实的横向角度探寻，以区域之间、城市与乡村、经济与军事、物质与精神等四组平衡关系为代表的发展均衡难题，都能在其他国家身上找到可以类比的共通性，这也正是中国的新

[①] 王家福：《21世纪警戒线：世界心理社会问题综合研究》，吉林大学出版社1996年版，第90-111页。

[②] 习近平：《决胜全面建成小康社会 夺取新时代中国特色社会主义伟大胜利》，人民出版社2017年版，第54页。

发展理念对于世界解决发展失衡问题的吸引力所在。

（三）环境破坏问题

人与自然是生命共同体，对自然的过度开发和利用不仅造成了经济发展的不可持续，同时极度恶化了人类的生存条件。根据世界卫生组织（WHO）在2016年发布的《通过健康环境预防疾病：关于环球风险导致的疾病负担的全球评估》报告统计显示，截至2012年，在全球死亡人数中，有1260万人是因环境因素造成的，占比高达23%，至少820万人死于非传染性环境因素。其中低收入国家受污染引发疾病的影响最大，儿童受到的影响尤其严重。[1] 2017年12月，联合国环境规划署（UNEP）在肯尼亚首都内罗毕发布《迈向零污染地球》的执行主任报告，认为世界的环境污染主要来自空气污染、土地和土壤污染、淡水污染，以及海洋和近海污染等四个方面。虽然各国在共同应对污染方面已经取得了一些成绩，但这些成绩的范围、规模和效力有限。很多多边的环境协定因为缺乏体制能力或资源没有起到应有的作用。即便有科学证据证明化学品或材料确实对健康和生态系统构成了风险，但是仍未在全球各相关国家引起重视。此外，一些国家的政府并不认为新的风险证据构成了采取政策行动的充分理由。实施不力、知识缺口、基础设施薄弱、金融机构领导力有限、污染成本的外部化等多方面的原因使得世界的环境污染治理仍然存在重大不足。[2]

面对环境治理难题，中国在新发展理念引领下坚持绿色发展，积极实施

---

[1] World Health Organization: Preventing Disease Through Healthy Environments: A Global Assessment of the Burden of Disease from Environmental Risks, 2016, http://apps.who.int/iris/bitstream/10665/204585/1/9789241565196_eng.pdf?ua=1。

[2] United Nations Environment Assembly of the United Nations Environment Programme: Towards A Pollution Free Planet, December 2017, http://web.unep.org/environmentassembly/report-executive-director。

以节约优先、保护优先、自然恢复为主的方针,力图形成节约资源和保护环境的空间格局、产业结构、生产方式、生活方式,最终还自然以宁静、和谐、美丽。党的十九大明确做出了加快生态文明体制改革,建设美丽中国的战略部署,以推进绿色发展、着力解决突出环境问题、加大生态系统保护力度、改革生态环境监管体制为主要途径,努力形成人与自然和谐发展的现代化建设新格局。[①]由于环境问题的全球普遍性和共通性,中国重视通过积极参与国际合作共同解决发展过程中的环境破坏难题。2015年12月,在中国的积极参与和推动下,旨在应对全球气候变化的《巴黎协定》在巴黎气候变化大会上获得通过。2015年9月,习近平出席联合国发展峰会,与各国领导人一致通过了《变革我们的世界:2030年可持续发展议程》,为各国发展和国际发展合作提供了明确的方向。2016年9月,中国出台《中国落实2030年可持续发展议程国别方案》,在全面开展可持续发展议程的落实过程中,在绿色发展方面取得了早期收获。总而言之,解决环境破坏难题是落实新发展理念的主要内容,中国环境治理成就的取得显示出新发展理念对世界各国应对生态难题的重要借鉴意义。

(四)开放发展问题

在一个全球性相互依赖不断加深的世界中求生存、谋发展,处理内部与外部之间的关系是所有国家都必然面临的现实课题。当前的国际体系转型使得世界舞台上出现了越来越多令人困惑的新现象和新动态。原来集中于少数国家和国家群体的世界权力,开始更多地分散到了其他国家和非国家行为体的手中。西方国家的群体性衰落,以及以中国、巴西、俄罗斯、印度和南非为代表的新兴市场国家的群体性崛起,正在改变传统的国际权力结构。资

---

① 习近平:《决胜全面建成小康社会 夺取新时代中国特色社会主义伟大胜利》,人民出版社2017年版,第50—52页。

本、资金、技术、人员等生产要素超越国家疆界的高效流转，推动世界成为了一个不可分割的有机系统。世界经济复苏与增长的乏力，国家内部治理的危机，恐怖主义的恶性蔓延，粮食安全、能源安全、网络安全等非传统安全问题的突显，传统全球治理体系的缺陷，共同加剧了整个国际体系的不稳定性。随着"系统效应"不断强化，国家的内部重大行动都有可能引发世界的连锁反应。以英国脱欧和特朗普上台为标志，"逆全球化"暗流涌动，世界进入了一个"不确定时代"。[①]在此背景下，如何营造一种有利的国际环境为国家的发展建设提供条件，如何在变动的国际局势中维护和发展国家的各项建设事业，成为困扰世界各国的发展难题。

面对当前世界形势所存在的巨大挑战，中国秉持新发展理念，始终以辩证的角度思考问题，坚持和平发展的时代主题，善于把握"危机"与"机遇"的矛盾转化关系。"我们生活的世界充满希望，也充满挑战。我们不能因现实复杂而放弃梦想，不能因理想遥远而放弃追求。没有哪个国家能够独自应对人类面临的各种挑战，也没有哪个国家能够退回到自我封闭的孤岛。"[②]中国的新发展理念坚持开放发展，奉行互利共赢的开放战略，重视通过与世界的有效融通为国家发展创造条件，重视以自身的发展成果为世界的共同繁荣做出贡献。针对开放发展难题，中国提出构建人类命运共同体，主张在和平共处五项原则基础上同世界各国发展友好合作，推动建设相互尊重、公平正义、合作共赢的新型国际关系；主张相互尊重、平等协商，促进贸易投资自由化和便利化，推动经济全球化朝着更加开放、包容、普惠、平衡、共赢的方向发展；顺应中国经济深度融入世界经济的趋势，开放中国发展的大门，发展更高层次的开放型经济发展新格局。2016年9月，习近平在杭州二十国集团（G20）工商峰会开幕式主旨演讲中提到，"世界经济发展的历史证

---

① [法]罗朗·柯恩-达努奇：《世界是不确定的：全球化时代的地缘政治》，社会科学文献出版社2009年版。
② 习近平：《决胜全面建成小康社会　夺取新时代中国特色社会主义伟大胜利》，人民出版社2017年版，第58页。

明，开放带来进步，封闭导致落后。重回以邻为壑的老路，不仅无法摆脱自身危机和衰退，而且会收窄世界经济共同空间，导致'双输'局面"[1]。将世界视为一个整体，各国齐心协力扩大共有的发展空间是中国新发展理念的题中之义，在人类命运共同体框架下处理开放发展难题必将取得事半功倍的成效。

（五）社会分配问题

社会分配是一个复杂的系统工程，它不仅关系到一个国家内部的社会活力，更是影响经济发展和政治稳定的重要因素。2016年8月，联合国全球契约组织发布题为《全球性目标的本土化落实》的报告，数据显示全球贫富差距问题日渐凸显，国家内部和国与国之间的收入差距正在逐步扩大，目前全球50%以上的财富掌握在1%的人口手中。联合国开发计划署在2016年发布的针对中国的国别报告称，作为全球最大的发展中国家，中国正在面临日益突出的社会分配问题，主要反映为贫困和在收入、健康、就业和社会服务方面的严重不平等。产生这些问题的主要原因在于投资的地域差异、宏观经济政策推动再分配的有限性，以及社会保障体制在不同区域的差别覆盖。中国基尼系数在2008年到达0.491的峰值，2013年该值仍高达0.473，说明中国依然存在较为严重的贫富差距，中国尚有8249万居民生活在农村贫困线以下。由于城乡、地域和性别差异制约着中国的减贫工作，中国城乡家庭人均收入比仍然高于3∶1，在广大的西部地区仍然存在低收入和高贫困的现象。[2]另据联合国开发计划署驻华代表处和国务院发展研究中心合作发布的《中国人类发展报告2016》显示，改革开放后，中国的收入差距迅速扩大，基尼系数在2008年和2009年达到了0.49，成为亚洲收入最不平等的国家之一。2007

---

[1] 习近平：《中国发展新起点　全球增长新蓝图》，载《人民日报》，2016年9月4日，第3版。
[2] 联合国开发计划署驻华代表处：《可持续发展目标：中国国别方案文件（2016—2020）》，2016年4月。

年，10%最富有人口的平均收入是10%最贫困人口平均收入的18倍多。尽管基尼系数近年来有所下降，但2015年仍高达0.462。①

面对社会分配难题，中国坚持以共享发展贯彻新发展理念，重点是要实现人人享有、各得其所的全民共享，保障人民在各方面合法权益的全面共享，推动人人参与、人人尽力、人人都有成就感的共建共享，通过从低级到高级、从不均衡到均衡的渐进共享，最终实现发展成果惠及每一个社会成员的共同富裕。针对收入差距问题，中国坚持按劳分配原则，从完善按要素分配的体制机制入手，形成更加合理有序的收入分配制度；坚持增强经济增长与居民收入增长的协调性，鼓励勤劳守法致富，扩大中等收入群体，增加低收入者收入，调节过高收入，取缔非法收入；重视政府在履行社会再分配中的职能作用，以加快推进基本公共服务均等化为手段缩小收入分配差距。针对贫困问题，中国共产党郑重承诺要让贫困人口和贫困地区同全国一道进入全面小康社会，立誓坚决打赢脱贫攻坚战，确保到2020年国家现行标准下的农村贫困人口实现脱贫，贫困县全部摘帽。围绕造成贫富差距和贫困问题的诱导因素和影响因素，中国采取系统思维予以应对。党的十九大报告提出，将优先发展教育作为提高保障和改善民生水平的首要任务，坚持推动城乡义务教育一体化，高度重视农村义务教育，大力促进教育公平；将就业视为最大的民生，坚持提高就业质量，实施就业优先战略和积极就业政策，努力实现更高质量的就业和更充分的就业，破除妨碍劳动力和人才社会性流动的体制机制弊端，保障人人都有通过辛勤劳动实现自身发展的机会；将完善统一的城乡居民基本医疗保险制度和大病保险制度作为加强社会保障体系建设的重要内容，坚持统筹城乡社会救助体系，完善最低生活保障制度。②归根结

---

① 贡森等主编：《中国人类发展报告2016：通过社会创新促进包容性的人类发展》，中译出版社2016年版，第27页。

② 习近平：《决胜全面建成小康社会 夺取新时代中国特色社会主义伟大胜利》，人民出版社2017年版，第45—48页。

/ 第七章 /
中国理念的世界意义

底,社会分配问题是世界各国普遍存在的共同发展议题,它的性质决定了政府必须采取一种以"人本主义"为核心价值取向的新发展理念,通过积极主动的全面统筹规划予以应对。

综上所述,中国新发展理念的世界意义之二,在于带领全球解决发展难题。发展不是无源之水,不是无根之木,任何形式的增长和进步都建立在一定的条件和基础之上。人类历史的长河中不存在一帆风顺的建设事业,每一个国家都会在发展过程中遇到各式各样的艰难险阻。能否充分认识发展危机,并成功解决发展难题是决定国家兴衰成败的关键所在。[1]中国发展成就的取得依赖于对全球体系的充分适应和对世界挑战的有效应对。从国家战略的连续性角度来看,中国的改革开放延续着一条对内持续改革、对外逐步开放的发展道路。随着中国与世界相互依存关系的日益加深,国际问题的国内化和国内问题的国际化已经成为中国发展的新常态。新发展理念反映了中国对自身建设的历史反思与未来规划,同时也体现了中国对世界发展形势的微观洞察和宏观预判。正是在此意义上,新发展理念才具备了带领全球解决发展难题的可能。解决发展难题是新发展理念的现实目标。针对当前世界表现最突出的增长乏力、发展失衡、生态破坏、逆全球化、贫困和分配不均等问题,中国新发展理念以鲜明的问题导向和实践导向提出了一整套系统的应对思路。值得注意的是,"大部分待发现的真理要靠某些特殊经验引出"。[2]新发展理念的实践内涵有着清晰的具体性,但这并不会遮盖它鲜明的一般性。相反,它的一般性和普适性将随着中国更加稳健的发展步伐得到进一步彰显。

---

[1] 王家福:《世界六强国盛衰战略观》,吉林人民出版社1998年版;[美]曼库尔·奥尔森:《国家兴衰探源》,商务印书馆1993年版;[美]保罗·甘迺迪:《霸权兴衰史》,五南图书出版股份有限公司2010年版。

[2] [法]勒内·笛卡尔:《谈谈方法》,商务印书馆2000年版,第74页。

三、提供发展新方案

在当代国际体系转型期和中国特色社会主义新时代，走出旧的观念误区，确定新的发展思路，对中国和世界的未来发展同时具有重大的现实意义。英国著名世界历史学家杰弗里·巴勒克拉夫（Geoffrey Barraclough）曾说，"在每一个伟大的历史转折点，我们面临各种偶然的、未预见到的、新的、生机勃勃的和革命性的事件"。[1]新的事件组合成新的局面，新的局面产生新的问题，新的问题呼唤新的方案。如果说走出旧的观念误区，确定新的发展思路是实现可持续发展的思想前提，那提供新的发展方案就是为落实新发展理念构划实践路径和施工图纸。方案是连接观念与现实的重要桥梁，是具体实践的最直接指导。中国的新发展理念来源于发展实践，服务于发展实践，其现实作用的发挥依赖于一套科学的发展新方案。没有发展新方案的引导，新发展理念的贯彻落实便无从入手。缺乏发展新方案的支撑，新发展理念的现实影响便无从发挥。面对新的历史进程，中国以"创新、协调、绿色、开放、共享"的新发展理念统领发展全局，在发展实践过程中形成了一种关键问题优先解决、突出问题重点解决、长期问题耐心解决的系统方案。

（一）创新发展新方案

2016年5月，中共中央、国务院印发《国家创新驱动发展战略纲要》，以紧扣发展、深化改革、强化激励、扩大开放为基本原则，明确了未来30年中国创新驱动发展的目标、方向和重点任务。《纲要》将实现创新驱动看作是一个系统性的变革，主张按照"坚持双轮驱动、构建一个体系、推动六大转

---

[1] ［英］杰弗里·巴勒克拉夫：《当代史导论》，上海社会科学院出版社2011年版，第3页。

变"进行布局，构建新的发展动力系统。"双轮驱动"就是科技创新和体制机制创新两个轮子相互协调、持续发力；"一个体系"就是建设国家创新体系。而所谓"六大转变"指的是发展方式从规模扩张为主导的粗放式增长向以质量效益为主导的可持续发展转变；发展要素从传统要素主导发展向创新要素主导发展转变；产业分工从价值链中低端向价值链中高端转变；创新能力从"跟踪、并行、领跑"并存、"跟踪"为主，向"并行""领跑"为主转变；资源配置从以研发环节为主向产业链、创新链、资金链统筹配置转变；创新群体从以科技人员的小众为主向小众与大众创新创业互动转变。《纲要》确定了八个方面的战略任务，即通过推动产业技术体系创新创造发展新优势；通过强化原始创新增强源头供给；通过优化区域创新布局打造区域经济增长极；通过深化军民融合促进创新互动；通过壮大创新主体引领创新发展；通过实施重大科技项目和工程实现重点跨越；通过建设高水平人才队伍筑牢创新根基；通过推动创新创业激发全社会创造活力。[①]

此外，《纲要》还提出了改革创新治理体系，多渠道增加创新投入，全方位推进开放创新，完善突出创新导向的评价制度，实施知识产权、标准、质量和品牌战略，培育创新友好的社会环境等综合方式，加大创新驱动发展战略的保障力度。从整体上看，《国家创新驱动发展战略纲要》充分把握了国内外战略背景，明确了战略要求，细化了战略部署和战略任务，重视战略保障和组织实施，是中国落实创新发展理念的系统性指导方案，集中体现了中国制定发展方案的高明政策哲学。值得注意的是，《纲要》所布置的战略任务统筹了影响经济社会创新发展的诸多方面，在八项分条目下又设有少则三项、多则十项的针对性子条目。当前，创新驱动发展战略的各项主题内容已经遍及各个领域，诸如科技创新、体制机制创新和人才创新等方面均已存在多项具体的实践方案，形成了从中央到地方、产学研

[①]《中共中央 国务院印发〈国家创新驱动发展战略纲要〉》，载《人民日报》，2016年5月20日，第1版。

密切结合的创新发展新格局,并已经开始在宏大的实践进程中取得良好收效。①实践是检验真理的唯一标准,发展实践是检验发展理念的根本指标。面对全球性的可持续发展问题,中国在落实新发展理念过程中确定的创新驱动发展方案无论是从政策哲学方面,还是具体操作方面都为世界各国提供了可资借鉴的经验素材。

(二)协调发展新方案

2016年1月,习近平在省部级主要领导干部贯彻党的十八届五中全会精神专题研讨班上指出,下好"十三五"时期发展的全国一盘棋,协调发展是制胜要诀;要增强发展的整体性和协调性,必须着力推动区域协调发展、城乡协调发展、物质文明和精神文明协调发展、经济建设和国防建设融合发展。②在新发展理念的综合统筹下,中国进一步深化落实西部开发、东北振兴、中部崛起、东部率先的四大板块协调发展战略,并制定了一系列旨在推动区域协同发展的新方案。为解决"北京吃太饱、天津吃不饱、河北吃不着"的区域发展失衡现象,中国在2015年出台《京津冀协同发展规划纲要》,决定在新的区域功能定位基础上优化京津冀地区发展空间结构。随后,北京通州副行政中心和雄安新区等一大批建设方案陆续被纳入整体实践方案,有力支撑了首都大城市病的缓解和京津冀区域发展的内部协调。2016年

---

① 陈劲:《国家创新发展蓝皮书:中国创新发展报告(2016)》,社会科学文献出版社2017年版;李东红等:《中国创新创业发展报告》,中国财富出版社2018年版;关成华等:《中国城市科技创新发展报告(2017)》,科学出版社2017年版;李凤亮:《文化科技蓝皮书:文化科技创新发展报告(2017)》,社会科学文献出版社2017年版;刘光顺等:《长三角区域科技创新发展调研报告(2017)》,经济管理出版社2017年版;李彬等:《中国旅游企业创新创业发展报告(2016—2017)》,旅游教育出版社2017年版;刘平安等:《中国新三板蓝皮书:中国新三板创与发展报告(2017)》,社会科学文献出版社2017年版;于欣伟等:《广州蓝皮书:中国广州科技创新发展报告(2017)》,社会科学文献出版社2017年版。

② 习近平:《在省部级主要领导干部学习贯彻十八届五中全会精神专题研讨班开班式上发表重要讲话》,载《人民日报》,2016年1月19日,第1版。

/ 第七章 /
中国理念的世界意义

9月,《长江经济带发展规划纲要》正式印发,它将上海、江苏、浙江、安徽、江西、湖北、湖南、重庆、四川、云南、贵州等11个省市聚合成一个区域协调发展共同体,以长江黄金水道为中轴,以轴线南北腹地为两翼,以长江三角洲城市群、长江中游城市群和成渝城市群为极点,力图通过省际协商合作机制建设打造一种跨区域的协调发展新模式。[①]

在城乡协调发展方面,为落实《"十三五"规划纲要》相关要求,国家发展改革委员会、住房城乡建设部和财政部在2016年7月联合发布《关于开展特色小镇培育工作的通知》,明确提出到2020年全国将培育1000个左右各具特色、富有活力的休闲旅游、商贸物流、现代制造、教育科技、传统文化、美丽宜居等特色小镇。[②]这些特色小镇是中国新型城镇化的试验田,它所释放的巨大发展潜力将使其成为推动我国城乡一体化的重要突破口。在物质文明和精神文明协调发展方面,2017年5月,中共中央办公厅、国务院办公厅印发《国家"十三五"时期文化发展改革规划纲要》,将广泛普及马克思主义中国化最新成果、进一步繁荣精神文化产品创作、基本建成现代公共文化服务体系、形成中华优秀传统文化传承体系等作为国家在"十三五"时期推动精神文明建设的重点发展目标。[③]在经济建设和国防建设融合发展方面,中共中央、国务院、中央军委于2016年7月印发《关于经济建设和国防建设融合发展的意见》,明确了新形势下军民融合发展的总体思路、重点任务和政策措施,决定通过形成全要素、多领域、高效益的军民深度融合发展格局,使经济建设为国防建设提供更加雄厚的物质基础,国防建设为经济建设提供更

---

① 中华人民共和国国家发展和改革委员会官网:《〈长江经济带发展规划纲要〉正式发布》,2016年10月11日,http://www.ndrc.gov.cn/fzgggz/dqjj/qygh/201610/t20161011_822279.html。
② 中华人民共和国住房和城乡建设部官网:《住房城乡建设部 国家发展改革委 财政部关于开展特色小镇培育工作的通知》,2016年7月1日,http://www.mohurd.gov.cn/wjfb/201607/t20160720_228237.html。
③《国家"十三五"时期文化发展改革规划纲要》,载《人民日报》,2017年5月8日,第1版。

加坚强的安全保障。[1]从业已出台的协调发展新方案来看，新发展理念充分反映了中国施政的辩证哲学智慧。中国重视把握区域、城乡、军民，以及物质与精神之间的辩证关系，在处理国内非均衡发展难题中的作用。这种在系统思维框架下协调结构要素之间对立统一关系的施政哲学，对于世界各国因地制宜地设定发展方案具有重要的启示意义。

（三）绿色发展新方案

2016年10月，中国环境保护部印发《全国生态保护"十三五"规划纲要》，系统评估了我国生态保护事业面临的基本态势，确定了"十三五"时期开展生态保护的指导思想、主要目标和主要任务，坚持在贯彻落实新发展理念的过程中，按照山水林田湖系统保护的要求，以改善环境质量为核心，以维护国家生态安全为目标，以保障生态空间、提升生态质量、改善生态功能为主线，大力推进生态文明建设，强化生态监管，完善制度体系，推动补齐生态产品供给不足短板，为全面建成小康社会、建设美丽中国做出更大贡献。该《纲要》明确了建立生态空间保障体系、强化生态质量及生物多样性提升体系、建设生态安全检测预警及评估体系、完善生态文明示范建设体系等四个大方面的主要任务，坚持从完善法律法规、健全体制机制、强化科技支撑和推动共同保护着手，全面保障主要目标的顺利实现。[2]为进一步规范生态文明建设目标评价考核工作，中共中央办公厅、国务院办公厅于2016年12月印发《生态文明建设目标评价考核办法》，对全国各地区生态文明建设年度

---

[1]《中共中央 国务院 中央军委印发〈关于经济建设和国防建设融合发展的意见〉》，新华网，2016年7月21日，http：//news.xinhuanet.com/politics/2016-07/21/c_1119259282.htm。

[2] 中华人民共和国环境保护部官网：《关于印发〈全国生态保护"十三五"规划纲要〉的通知》，2016年10月28日，http：//www.zhb.gov.cn/gkml/hbb/bwj/201611/t20161102_366739.htm。

评价的组织实施、指标内容和工作监督进行了说明。[1]

在对生态保护事业做出整体规划、加强进程评估和责任监督的过程中，我国还重视采用新的信息技术服务绿色发展方案的落实。2015年7月，国务院办公厅印发《生态环境监测网络建设方案》，要求通过全面设点、全国联网、自动预警、依法追责，形成政府主导、部门协同、社会参与、公众监督的生态环境监测新格局。[2]2016年3月，环保部印发《生态环境大数据建设总体方案》，坚持通过生态大数据的发展和应用推进环境管理转型，提升生态环境治理能力，为实现生态环境质量总体改善目标提供有力支撑。[3]2014年，国务院办公厅发布以"节约、清洁、安全"为战略方针的《能源发展战略行动计划（2014—2020年）》；[4]2016年，国家发展改革委和国家旅游局联合发布了《全国生态旅游发展规划（2016—2025年）》，环境保护部制定了《全国自然保护区发展规划（2016—2025年）》，工业和信息化部印发了《工业绿色发展规划（2016—2020年）》，国务院颁布了《土壤污染防治行动计划》和《湿地保护修复制度方案》等一系列旨在开展各项具体工作的发展规划相继出台，为我国生态保护方案的整体落实提供了更具针对性的现实指导。从中央到基层的高效行政体系和施政网络，为中国的环境和生态保护体系建设提供了坚强的组织保障。在新发展理念的指导下，中国绿色发展新方案的贯彻落实正在重新唤回一个天蓝、地绿、水清的美丽中国。从整体上看，中国以建设生态文明为总目标，重视自然环境与社会发展的统筹，在科

---

[1] 《中共中央办公厅 国务院办公厅印发〈生态文明建设目标评价考核办法〉》，载《人民日报》，2016年12月23日，第1版。

[2] 《国务院办公厅关于印发〈生态环境监测网络建设方案〉的通知》，中华人民共和国中央人民政府官网，2015年8月12日，http://www.gov.cn/zhengce/content/2015-08/12/content_10078.htm。

[3] 《关于印发〈生态环境大数据建设总体方案〉的通知》，中华人民共和国环境保护部官网，2016年3月8日，http://www.zhb.gov.cn/gkml/hbb/bgt/201603/t20160311_332712.htm。

[4] 《国务院办公厅关于印发〈能源发展战略行动计划（2014—2020年）〉的通知》，中华人民共和国中央人民政府官网，2014年11月19日，http://www.gov.cn/zhengce/content/2014-11/19/content_9222.htm。

学认识自然规律的基础上充分发挥政府职能，形成了推动绿色发展的系统方案，为世界各国应对环境破坏难题开出了新的药方。

（四）开放发展新方案

2013年9、10月间，习近平总书记在访问哈萨克斯坦、东盟期间相继提出建设"丝绸之路经济带"和"21世纪海上丝绸之路"的战略构想。2015年3月，国家发展改革委、外交部和商务部联合发布《推动共建丝绸之路经济带和21世纪海上丝绸之路的愿景与行动》，明确了"一带一路"建设的共建原则、框架思路、合作重点、合作机制，介绍了中国各地方的开放态势，倡导世界各国以共建"一带一路"为重要契机，与中国一道共创国际社会的美好未来。[①]2016年3月，《中华人民共和国国民经济和社会发展第十三个五年（2016—2020年）规划纲要》正式出台，强调以"一带一路"建设为统领，进一步提高中国的对外开放水平，通过与世界各国的共赢合作开创新时期对外开放的全新格局。[②]在"一带一路"合作框架下，中国已经与多个国家签订双边对接合作发展方案，如2015年5月与俄罗斯确定的"丝绸之路经济带"与"欧亚经济联盟"建设对接合作、2016年10月与哈萨克斯坦签订的《"丝绸之路经济带"建设与"光明之路"新经济政策对接合作规划》等。与此同时，"一带一路"多边合作也取得了重大成果，如2015年11月的《中国—中东欧国家合作中期规划》、2016年1月的《中国对阿拉伯国家政策文件》、2016年9月的《建设中蒙俄经济走廊规划纲要》、2018年1月的《澜沧江—湄公河合作五年行动计划（2018—2022）》等。

为进一步提高开放发展水平，中国重视发挥国际多边合作机制的作用和

---

① 中华人民共和国国务院新闻办公室官网：《推动共建"一带一路"的愿景与行动》，2015年3月29日，http://www.scio.gov.cn/31773/35507/htws35512/Document/1524767/1524767.htm。

② 《中华人民共和国国民经济和社会发展第十三个五年规划纲要》，载《人民日报》，2016年3月18日，第1版。

影响，努力推动既有合作平台制定开放发展新方案，同时积极创设新的国际交流合作平台和机制。2015年9月，习近平在参加第七十届联合国大会一般性辩论时全面阐述了以合作共赢为核心的新型国际关系理念，提出"五位一体"打造人类命运共同体的总布局和总路径。[①]2015年12月，习近平在出席"中非合作论坛"时提出未来三年的"十大合作计划"，各国共同审议通过了《中非合作论坛——约翰内斯堡行动计划（2016—2018）》。[②]2016年9月，中国在G20杭州峰会上首次将发展问题置于全球宏观政策框架的突出位置，推动二十国集团领导人集体通过了《二十国集团落实2030年可持续发展议程行动计划》。[③]2014、2015年间，中国发起的"丝路基金"和"亚投行"相继成立，这两大新的金融投资机构和多边开发机构，正在为"一带一路"沿线国家和亚洲地区各国创造更加广阔的发展合作空间。2016年4月，习近平在联合国南南合作圆桌会上做出承诺的南南合作与发展学院在北京大学正式揭牌成立，旨在为世界的南南合作发展提供研究平台和智力支持。2017年5月，中国发起创立并成功举办了"一带一路"国际合作高峰论坛，为"一带一路"参与各方提供了凝聚共识、协调行动的机制平台。从对外交往的整体布局来看，中国目前正在形成一种全方位的立体开放发展新格局。中国提出的一系列开放发展新方案，旨在通过打造新型国际关系构建起人类命运共同体，它们反映了世界各国普遍的和平发展诉求，同时也体现了新发展理念对于凝聚国际合作共识、解决地区和全球发展难题所具有的重大现实意义。

---

① 《携手构建合作共赢新伙伴 同心打造人类命运共同体——习近平在第七十届联合国大会一般性辩论时的讲话》，载《人民日报》，2015年9月29日，第2版。

② 《中非合作论坛——约翰内斯堡行动计划（2016—2018）》，中非合作论坛官方网站，2015年12月25日，http：//www.fmprc.gov.cn/zflt/chn/zxxx/t1327766.htm。

③ 《二十国集团落实2030年可持续发展议程行动计划》，载《人民日报》，2016年9月6日，第1版。

（五）共享发展新方案

2016年3月公布的《"十三五"规划纲要》，以普遍提高人民生活水平和质量作为之后五年经济社会发展的主要目标，将提高基本公共服务均等化、教育现代化，实现比较充分的就业，缩小贫富差距和贫困地区人口脱贫，视为推动我国经济社会共享发展的重要手段。[①] 在此之前的2015年11月，中共中央政治局召开会议审议通过了《关于打赢脱贫攻坚战的决定》。《决定》重申了新发展理念的指导地位，明确了脱贫攻坚的总体目标和基本原则，坚持通过实施精准扶贫方略加快贫困人口精准脱贫，通过加强贫困地区基础设施建设加快破除发展瓶颈制约，通过强化政策保障健全脱贫攻坚支撑体系，通过广泛动员全社会力量合力推进脱贫攻坚，通过大力营造良好氛围为脱贫攻坚提供强大精神动力，通过切实加强党的领导为脱贫攻坚提供坚强政治保障。尤为重要的是，《决定》在精准扶贫方面，提出特色产业脱贫、劳务输出脱贫、异地搬迁脱贫、加强教育脱贫、医疗救助脱贫等多种脱贫形式；在加强贫困地区基础设施方面，提出加快交通、水利、电力建设，加大"互联网+"扶贫力度，加快农村危房改造和人居环境整治，以及重点支持革命老区、民族地区、边疆地区、连片特困地区脱贫等四项措施；在政策保障方面，提出加大财政扶贫投入力度、加大金融扶贫力度、完善扶贫开发用地政策、发挥科技人才支撑作用等保障措施；在动员全社会力量方面，提出健全东西部扶贫协作机制、健全定点扶贫机制、健全社会力量参与机制等有效手段。[②]

按照"十三五"规划和《关于打赢脱贫攻坚战的决定》要求，国务院于

[①]《中华人民共和国国民经济和社会发展第十三个五年规划纲要》，载《人民日报》，2016年3月18日，第1版。

[②] 中华人民共和国中央人民政府官网：《中共中央 国务院关于打赢脱贫攻坚战的决定》，2015年12月7日，http：//www.gov.cn/zhengce/2015-12/07/content_5020963.htm。

/ 第七章 /
中国理念的世界意义

2016年11月发布《"十三五"脱贫攻坚规划》,进一步细化了推动我国共享发展的新方案,为地方和各方面制定扶贫专项规划、全面开展扶贫工作提供了行动依据。在产业脱贫方面,坚持以市场为导向,立足贫困地区的资源禀赋,充分发挥农民合作组织和龙头企业等市场主体的作用,建立健全产业到户到人的精准扶持机制。在转移就业脱贫方面,以大力开展职业培训、促进稳定就业和转移就业为手段,保障转移就业人口合法权益,有序推动城市就业贫困人口的市民化。在异地搬迁脱贫方面,坚持通过精准识别搬迁对象、稳妥实施搬迁安置、促进搬迁群众稳定脱贫等方式,保障搬迁贫困人口的基本生活条件和公共服务条件。在教育扶贫方面,以提高贫困人口基本文化素质和贫困家庭劳动技能为抓手,提升基础教育水平,降低贫困家庭就学负担,加快发展职业教育,提高高等教育服务能力。在健康扶贫方面,坚持通过提升医疗卫生服务能力、提高医疗保障水平、加强疾病防控和公共卫生建设,进一步完善基本医疗保障制度,改善贫困地区医疗卫生机构条件、提升服务能力、缩小区域间卫生资源配置差距。[1]此外,我国还重视通过跨地区的结对帮扶推动社会力量参与脱贫攻坚战。2016年12月,中共中央办公厅、国务院办公厅印发《关于进一步加强东西部扶贫协作工作的指导意见》,对先富帮后富的扶贫协作和对口支援做出了明确指示。[2]总而言之,共同富裕是社会主义的本质要求,一系列共享发展新方案的出台为新发展理念从思想走向现实提供了有力支撑,让世界看到了中国追求善政的切实努力和政治担当,在为全人类发展事业做出巨大贡献的同时,展现了中国特色社会主义的制度优越性。

---

[1] 中华人民共和国中央人民政府官网:《国务院关于印发〈"十三五"脱贫攻坚规划〉的通知》,2016年12月2日,http://www.gov.cn/zhengce/content/2016-12/02/content_5142197.htm。

[2]《中共中央办公厅 国务院办公厅印发〈关于进一步加强东西部扶贫协作工作的指导意见〉》,中华人民共和国中央人民政府官网,2016年12月7日,http://www.gov.cn/gongbao/content/2017/content_5156730.htm。

综上所述，中国新发展理念的世界意义之三，在于为全球提供发展新方案。新发展理念代表了一种全新的思想观念和决策智慧，更有着一系列实践方案的支撑。与此同时，新发展理念传达出一种破除时艰、拼搏进取的强烈意志。习近平总书记曾经强调，"创新、协调、绿色、开放、共享的发展理念，是针对我国经济发展进入新常态、世界经济复苏低迷开出的药方"。①从主观上讲，新发展理念同时以中国和世界的未来发展为出发点和着眼点；从客观上讲，新发展理念同时顾及了中国和世界共同面对的现实发展难题。正因如此，新发展理念不仅是深化改革开放的中国智慧，也是面向全球发展的中国方案。新发展理念的可借鉴性，首先植根于当前世界体系空前的紧密联动，不断强化的"系统效应"正在加速形成人类命运共同体，世界各国的内部发展正在产生日渐强化的外部影响；其次深藏在中国与世界的互动逻辑之中，马克思主义辩证唯物哲学与东方朴素辩证法思想的有效结合，使得中国历来重视世界形势观察对于国家决策的重要作用，善于处理国家发展与世界变革这样一组局部与整体之间的辩证关系；最终取决于新发展方案在推动现实发展方面能够起到多大程度的政策效力，提供发展新方案是在为新发展理念指导现实构划实践路径，新发展方案的实践效能将直接影响新发展理念在全球的思想形象和传播价值。

四、构建发展新文明

从务虚的角度而言，文明是一种带有强烈价值判断色彩的精神财富。在波澜壮阔的历史长河中，各民族、国家或地区通过开拓性的集体实践，创造出了各具特色的文明形态。古巴比伦、古埃及、古印度和古中国被称为"四

---

① 《落实创新协调绿色开放共享发展理念　确保如期实现全面建成小康社会目标》，载《人民日报》，2016年1月7日，第1版。

第七章
中国理念的世界意义

大文明古国",雅典、斯巴达、苏美尔、玛雅、希腊、拜占庭等多种文明都曾在某特定阶段各领风骚。文艺复兴和启蒙运动之后,资本主义获得空前发展,世界列强凭借先进的物质力量大举瓜分全球,西方文明一时风光无二。随着马克思主义学说影响力的提升,社会主义文明逐渐成为资本主义文明的竞争对手,以两者为主导的东西方阵营在20世纪中叶开始了一场持续40余年的长期冷战。苏东剧变在重创世界社会主义发展事业的同时,似乎也宣告了西方发展道路的完全胜利和绝对优势。欧美由此开始兴起一股"历史终结论"风潮,鼓吹资本主义是人类最后一种意识形态和发展模式。[1]然而仅十几年后,全球资本主义便陷入了巨大危机,至今余波未平。就连"历史终结论"的代表人物弗朗西斯·福山(Francis Fukuyama)也不得不承认自己当年的理论需要进行大幅修正。这正如恩格斯所言,"今天被认为是合乎真理的认识都有它隐蔽着的、以后会显露出来的错误的方面"[2]。目前,与西方文明的相对衰落形成比照的是,中国以举世瞩目的建设成就进入了社会主义新时代,并开始在新发展理念指导下构建起一种面向未来的新型发展文明。

(一)创新发展新文明

2017年,毕马威国际会计公司(KPMG)发布《改变形势的颠覆性技术:全球技术创新中心》报告,根据其中的调查数据显示,800多位全球科技领导者中的26%认为美国最有希望在影响世界的颠覆性技术上取得突破,25%的受访者则认为中国最有希望;针对世界上的哪座城市将未来四年引领全球科技创新的问题,上海在受访者的意属中排名第一,纽约排名第二,

---

[1] [美]弗朗西斯·福山:《历史的终结及最后之人》,黄胜强、许铭原译,中国社会科学出版社2003年版。
[2]《马克思恩格斯文集》(第四卷),人民出版社2009年版,第299页。

北京与东京并列第三。^①同年,科睿唯安(Clarivate Analytics)发布被视为全球创新活动风向标的《全球创新报告2017:发展的不懈渴望》,报告显示,中国在2016年度的新发明专利数量占全球总量的68.1%,较2007年增长达3倍之多。从2007年到2016年,中国新发明专利数量由25.2万件增长至182万件,年均保持22.6%的高水平增长率,而世界其他国家的年均增幅仅为0.3%。[②]另据中国科学技术发展战略研究院发布的《国家创新指数报告2016—2017》,随着知识创造和企业创新能力的稳步上升,本期中国在世界各国创新指数综合排名中位列第17位,较上一年提高一个位次。中国创新能力已经处于国际中上游位置,并以最快的进步速度和持续扩大的优势领先全球发展中国家,成为唯一进入世界前20位的发展中国家。2015年,中国万名研究人员的发明专利授权数排名世界第三,国际科学论文被引次数世界排名第二,高技术产业出口占制造业出口比重排名世界第六,知识密集型产业增加值占世界比重排名世界第二。2016年度,中国的研究发展经费总量为2359.4亿美元,占全球份额的16.1%,连续四年位居世界第二;研究发展人员总量为387.8万人/年,占全球人员总量的31.0%,连续九年位居世界首位;SCI论文数量为30.8万篇,占全球总量的15.7%;国内发明专利授权量达到30.2万件,占世界总量的39.5%,成功超越日本位居世界首位;科技进步贡献率稳步提升,2016年达到56.4%。[③]

巨大的现实成就使得创新发展理念正在获得越来越广泛的国际认同。阿根廷战略规划研究所所长豪尔赫·卡斯特罗(Jorge Castro)表示,在通过创

---

① KPMG:The Changing Landscape of Disruptive Technologies:Global Technology Innovation Hubs, 2017, https://assets.kpmg.com/content/dam/kpmg/se/pdf/komm/2017/disruptive-tech-2017-part1.pdf。

② Clarivate Analytics:The State of Innovation Report 2017:The Relentless Desire to Advance, 2017, https://clarivate.com/stateofinnovation。

③ 中国科学技术发展战略研究院:《国家创新指数报告》,科学技术文献出版社,2018年版,第2-9页。

/ 第七章 /
中国理念的世界意义

新激发经济活力的发展方向上，中国将成为全球领导者，中国发展理念在推动世界的创新发展过程中扮演着重要角色。巴西中国问题研究所所长罗尼·林斯（Ronnie Lins）认为中国发展模式是政策符合国情的最重要体现，中国新发展理念对于拉美国家具有重大的经验借鉴意义。①在诺贝尔经济学奖得主埃德蒙·费尔普斯（Edmund S. Phelps）看来，商界在推动国家创新方面扮演着重要角色。无论是英美经济体还是法德经济体，它们的创新都是由商界驱动的。与欧美相比，中国的企业家具有更加强大的创新精神。②英国《经济学人》周刊认为，创新精神和全球视野使得中国年轻一代的企业家正在引领新一轮的世界工业和消费潮流，中国在新兴产业领域已经成为全球创新的领跑者。据美国锡尼克咨询公司报告称，2010年全球"独角兽"公司（入市估值超过10亿美元的初创企业）全部来自欧美。截至2017年，世界33家"独角兽"企业已经有12家来自中国。英国《金融时报》分析认为，实施创新驱动发展战略是推动中国飞速发展的首要原因。③欧莱雅集团董事长让-保罗·安巩（Jean-Paul Agon）盛赞中国创新驱动发展战略，他将中国看成是全球贸易的主要市场和推动世界创新发展的主要动力。④美国高通公司首席执行官史蒂夫·莫伦科夫（Steve Mollenkopf）认为创新驱动发展已经成为全球共识，在创新发展观念的引领下，中国正在从"制造大国"转变为"创新大国"。⑤

---

① 《拉美学者："中国将成为创新发展的领导者"》，参考消息网，2016年9月2日，http：//ihl.cankaoxiaoxi.com/2016/0902/1290095.shml。
② 谢戎彬、谷棣：《世界政要精英共论中国：我们看好中国》，华文出版社2017年版，第176-178页。
③ 《外媒盛赞中国以创新驱动经济发展：已成全球创新领跑者》，中华人民共和国中央人民政府官网，2017年10月8日，http：//www.gov.cn/guowuyuan/2017-10/08/content_5230072.htm。
④ 《欧莱雅公司董事长：中国是推动世界创新发展的主要动力》，人民网，2017年10月23日，http：//theory.people.com.cn/n1/2017/1023/c414486-29604031.html。
⑤ 《高通公司首席执行官：中国将从"制造大国"转变为"创新大国"》，中国日报中文网，2017年10月23日，http：//china.chinadaily.com.cn/2017-10/23/content_33584013.htm。

（二）协调发展新文明

中国的区域协调发展取得了巨大成就。以京津冀地区为例，2016年，北京经济增速6.7%，其中服务业占地区生产总值比重超过80%；天津经济增速9%，位居全国前列；河北主动承接非首都功能疏解，增速为6.8%。2017年上半年，京津冀增速平均达6.8%。三地2016年的生产总值合计74612.6亿元，约占全国经济总量的10%，是2012年的1.3倍。三年间，北京疏解了大量非首都职能，清理了一般性制造业企业1300多家。截至2016年年底，全市常住人口为2172.9万人，增量同比减少16.5万人，其中城六区常住人口比上年下降3%，顺利走过了由升到降的拐点。《赞比亚时报》副主编杰克逊·米瓦（Jackson Mwewa）表示，面对区域发展不平衡，中国在资源统筹调配和区域协调发展上展现出了魄力和能力，京津冀一体化的发展模式，为赞比亚提供了成功的借鉴经验。[①]据《中国区域科技创新评价报告2016—2017》显示，创新资源投入和科技成果转化已经开始由东部一枝独秀向东中西协同发展转变，北京和上海科技创新中心建设取得明显成效，中西部各省市迅速崛起，西部地区创新发展也体现出自身特点。我国已经形成了各具特色的区域科技创新格局：以北京、上海为代表的全国科技创新中心，以江苏、广东为代表的技术创新和高技术产业集聚区，以天津、山东、浙江和福建为代表的特色产业创新发展区，和以湖北、陕西、重庆、四川为代表的中西部科技创新密集区。[②]

在城乡协调方面，我国扎实推进新型城镇化建设。2016年年末，常住人口城镇化率为57.35%，比2012年年末提高4.78个百分点；2012—2016年城镇人口每年增加2000多万人，带动了巨大的投资和消费需求；2016年年末，

---

① 《外国记者：中国区域协调发展成就令人惊叹》，侨报网，2017年10月26日，http://ny.uschinapress.com/kong/2017/10-26/131356.html。

② 中国科学技术发展战略研究院：《图解〈中国区域科技创新评价报告2016—2017〉》，2017年9月1日，http://www.casted.org.cn/channel/newsinfo/6351。

/ 第七章 /
中国理念的世界意义

我国户籍人口城镇化率41.2%，比2012年年末提高6.2%个百分点，与常住人口城镇化率的差距为16.1个百分点，缩小1.4个百分点。在物质文明与精神文明协调方面，我国的文化繁荣呈现出新的气象。2016年，文化及相关产业增加值30254亿元，比2012年名义增长67.4%，年均增长13.7%，占国内生产总值的4.07%，比2012年提高0.59个百分点；文化产业固定资产投资额达33713亿元，比2012年增长115.5%，年均增长21.2%；居民用于文化娱乐的人均消费支出为800元，比2013年增长38.7%，年均增长11.5%；在全球140个国家和地区建立了512所孔子学院和1073个中小学孔子课堂；"欢乐春节""中国文化年"等各类文化品牌活动遍及全球，主流媒体国际传播能力不断提升。①在军民融合发展方面，2011年江苏镇江投入2亿元经费，设立了军民融合产业引导和高层次人才引进专项资金，出台了13项军民融合产业基地建设优惠政策；上海闵行区加速建设军民融合产业基地，占地近1200亩的航天科技研发中心已经建成；成都启动四个军民融合产业园，力争在"十三五"末，军民融合产业主营业务收入突破1500亿元；2016年军民融合产业发展基金成立。②相比之下，"作为20世纪特色的以欧美为中心的西方文明，与全局统筹把握事物的东方世界大异其趣，西方文明是对事物部分地而不是全局地把握，并不断细化这个部分，是对非常有限的东西研究到底的文明。西方文明统治人类的趋势日甚，到头来成了'见树不见林的世界'"③。

（三）绿色发展新文明

根据外交部在2017年8月发布的《中国落实2030年可持续发展议程进展

---

① 《新理念引领新常态 新实践谱写新篇章——党的十八大以来经济社会发展成就系列之一》，载《中国信息报》，2017年6月19日，第1版。

② 《2017年中国军民融合专题研究报告》，南方财富网，2017年10月9日，http://www.southmoney.com/caijing/gongsixinwen/201710/1655666.html。

③ [日]北尾吉孝：《改变》，杨晶译，复旦大学出版社2012年版，第15页。

报告》显示，政府通过引导加大全社会在生态环境保护和节约能源资源方面的投入力度，深入实施大气、水、土壤污染治理"三大行动计划"，加强源头预防和现实治污，实现了单位国内生产总值能耗降低5%，二氧化碳排放量下降6.6%，万元国内生产总值用水量降低5.6%，超额完成了年内目标。[1]2016年，我国单位国内生产总值能耗、用水量分别比2012年下降17.9%和25.4%；2015年，全国化学需氧量排放量比2012年下降8.3%，氨氮排放量下降9.3%，氮氧化物排放量下降20.8%。2016年，全国完成造林面积679万公顷，比2012年增长21.3%，森林蓄积净增长14.16亿立方米；全国新增水土流失治理面积达5.4万平方公里，比2012年增长24.5%；城市污水处理厂日处理能力14823万立方米，比2012年增长26.3%；城市生活垃圾无害化处理率为95%，较2012年提高10.2个百分点；城市建成区绿地率为36.4%，比2012年提高0.7个百分点。2016年，在监测的338个城市中，城市空气质量达标的城市占24.9%，比上年提高3.3个百分点；PM2.5未达标地级及以上城市年平均浓度为52微克/立方米，比上年下降8.8个百分点。在近岸海域海水水质监测点中，达到国家一、二类海水水质标准的监测点占73.4%，比2012年提高4个百分点；四类、劣四类海水占16.3%，比2012年下降7.6个百分点。[2]全国近岸海域水质优良比例五年来从62.8%回升到73.4%。2015年12月，联合国多个国际组织与中国有关方面联合发布《中国库布齐生态财富创造模式和成果报告》，分析认定亿利资源集团在改善沙漠生态、发展沙漠产业方面创造了4600多亿元人民币的生态财富，修复绿化沙漠1.27万平方公里，"库布齐沙漠生态财富创造模式"走出了一条立足中国、造福世界的沙漠综合治理道

---

[1] 中华人民共和国外交部：《中国落实2030年可持续发展议程进展报告》，2017年8月24日，http://www.fmprc.gov.cn/web/ziliao_674904/zt_674979/dnzt_674981/qtzt/2030kcxfzyc_686343/P020170824649973281209.pdf.

[2] 《新理念引领新常态　新实践谱写新篇章——党的十八大以来经济社会发展成就系列报告之一》，载《中国信息报》，2017年6月19日，第1版。

路。①中国被联合国盛赞为全球沙漠治理典范。

2018年1月,工信部部长苗圩在中国电动汽车百人会论坛上表示,2017年我国新能源汽车产量79.4万辆,销量77.7万辆,产量占比达到了汽车总产量的2.7%,连续三年位居世界首位;截至2017年年底,全国共建成21.4万个公共充电桩,同比增长了51%,保有量处于世界首位。②据英国《经济学人》统计,2016年全年,中国的煤炭消耗量减少4.7%,是中国煤炭消耗连续第三年的减少。西班牙《先锋报》网站发文称中国是目前全球最大的太阳能板生产国,在新增光伏装机容量和发电量方面处于世界领先地位。根据国际能源巨头英国石油公司集团最新发布的《世界能源统计年鉴》显示,2016年全球可再生能源发电(不含水电)同比增长14.1%,增加5300万吨油当量,中国超越美国成为全球最大的可再生能源生产国;截至2016年年底,中国风电累计装机量和太阳能累计装机量均处世界首位。自2012年以来,中国清洁能源投资额连续五年位于全球第一。2015年,中国清洁能源投资额达到1110亿美元,占全球清洁能源投资的33.6%,接近欧美2015年清洁能源投资的总额。③《荀子·天论》有言,"万物各得其和以生,各得其养以成"。④恩格斯曾经在《自然辩证法》中警示:"我们不要过分陶醉于我们人类对自然界的胜利。对于每一次这样的胜利,自然界都对我们进行报复。"⑤基于这样正反两方面的深刻认识,习近平总书记强调,"建设生态文明是关系人民福祉、关系民族未来的大计……中国明确把生态环境保护摆在更加突出的位置。我们既要绿水青山,也要金山银山。宁要绿水青山,不要金山银山,而且绿水青山就是金

---

① 《美媒:中国成全球沙漠治理典范》,参考消息网,2015年12月4日,http://column.cankaoxiaoxi.com/g/2015/1204/1017062.shtml。

② 《中国新能源汽车产销连续三年居世界首位》,人民网,2018年1月23日,http://auto.people.com.cn/n1/2018/0123/c1005-29780732.html。

③ 《中国领跑全球清洁能源发展(外媒看中国)》,载《人民日报》,2017年7月1日,第11版。

④ 北京大学《荀子》注释组:《荀子新注》,中华书局1979年版,第270页。

⑤ 《马克思恩格斯文集》(第九卷),人民出版社2009年版,第559—560页。

山银山"①。

(四)开放发展新文明

近年来,我国在深化内部改革的同时进一步扩大开放,在开放发展进程中取得了举世瞩目的成就。2016年,我国进出口货物总额达24.3万亿元,占世界贸易总额的比重保持11%以上;2018年更是达到30.5万亿元,首次突破30万亿元;货物贸易方式不断转化,一般贸易进出口占比由2012年的52.0%上升到2017年的56.4%;2017年服务进出口总额达46991亿元,稳居世界第二位;高附加值领域服务出口增长势头强劲,维护和维修服务、信息服务出口均实现40%的增长。该年度,我国利用外资和对外投资规模双双创下历史新高,截至2017年,我国累计使用外商直接投资超过2万亿美元。2017年,我国实际使用外资1363亿美元,规模是1983年的60倍,年均增长12.8%;外商投资企业进出口额12.4万亿元,占我国货物进出口总额的44.8%,缴纳税收2.9万亿元,占全国税收收入的18.7%;高技术产业利用外资占总额比重为27.4%,较2012年提高13.6个百分点,年均增长18.4%。2017年,我国全方位对外开放取得新进展,同"一带一路"沿线国家进出口总额7.37万亿元,占我国货物进出口总额比重的26.5%;截至2018年11月,我国企业在46个国家建立粗具规模的境外经贸合作区113个,累计投资额421.4亿美元;一批重大工程和国际产能合作项目落地,高铁、核电"走出去"迈出坚实步伐;自由贸易区建设不断加快,中国—东盟自贸区升级议定书正式生效,与冰岛、瑞士、韩国、澳大利亚等国自贸区启动实施;设立上海、广东、天津等11个自贸试验区和12个跨境电子商务综合试验区。此外,我国还深度参与全球治理进程,为全球经济制度建设不断贡献中国智慧和中国方略,倡导建立亚洲基础设施投资银行和丝路基金,成功举办"一带一路"国际合作高峰论坛、

---

① 习近平:《弘扬人民友谊 共创美好未来》,载《人民日报》,2013年9月8日,第3版。

/ 第七章 /
中国理念的世界意义

亚太经合组织（APEC）北京峰会、二十国集团（G20）领导人杭州峰会、博鳌亚洲论坛等一系列旨在应对全球或地区的发展难题的会议。①2015年12月，国际货币基金组织（IMF）正式将人民币纳入特别提款权（SDR）货币篮子，标志着中国更进一步与世界加强互联互通的开放意志。

泰国前总理披尼（Pini Zalo）高度赞赏中国的开放发展，认为"一带一路"是一个为世界带来实实在在利益的倡议，它将中国和世界有机联系起来，对于加强人文交流和经贸往来都有好处。②澳大利亚新南威尔士大学助理校长劳里·皮尔西（Laurie Percy）表示，中国的开放发展倡议，为其他国家、企业，以及不同社区、不同文化敞开了大门，会帮助众多国家参与到21世纪全球经济一体化的发展过程。③在澳大利亚前总理陆克文（Kevin Michael Rudd）看来，中国奋发有为的外交举措为全球治理体系改革做出了重要贡献，也将有助于构建人类命运共同体。④意大利众议院副议长赛莱尼（Serene）认为，"从政治或者军事角度看，中国带来了一个新鲜的变化。与过去的强国不同……中国主张的是和平共处，中国的外交关注经济发展。在与世界其他国家交往中，中国政府用的原则是双赢，也就是发展对双方都有利的经济关系"，虽然意大利与中国制度不同，但两国可以就共同面临的问题互相借鉴学习。⑤西班牙驻华大使曼努埃尔·瓦伦西亚（Manuel Valencia）基于对十九大的观察认为，"显而易见，占全球人口百分之二十的中国将更加积

---

① 《新理念引领新常态　新实践谱写新篇章——党的十八大以来经济社会发展成就系列报告之一》，载《中国信息报》，2017年6月19日，第1版。

② 《泰国前副总理披尼：相信十九大以后中国的经济政策会更加开放》，国际在线，2017年10月21日，http：//news.cri.cn/20171021/d2b1229a-f312-cfa2-aee7-e67a51295ad3.html。

③ 《澳大利亚专家：一个强大自信的中国会给世界带来更多机遇》，人民网，2017年10月23日，http：//theory.people.com.cn/n1/2017/1023/c414486-29603988.html。

④ 《国际政要学者热议十九大：对世界产生积极影响》，中国日报中文网，2017年10月24日，http：//china.chinadaily.com.cn/2017-10/24/content_33654562.htm。

⑤ 《意大利各界关注十九大：中国共产党将把"保障人民幸福"作为其重要使命》，国际在线，2017年10月22日，http：//news.cri.cn/20171022/68493a1d-7a57-4442-ef39-9edb6e8aabb6.html。

极地参与国际事务，展现大国的使命和担当。国际局势变幻莫测，前方并不是一片坦途。但是相信按照习近平总书记设计的构建新型国际关系的外交主线，一定会逐渐实现各国和谐共处、共谋发展的目标"。[1]

（五）共享发展新文明

2016年10月，国务院新闻办公室发布《中国的减贫行动与人权进步》白皮书，其中数据显示，中国已经有7亿多贫困人口在改革开放后摆脱了贫困，农村贫困人口在2015年减少到了5575万人，贫困发生率下降到5.7%，基础设施明显改善，基本公共服务保障水平持续提高，扶贫机制创新迈出重大步伐，有力促进了贫困人口基本权利的实现。据联合国《2015年千年发展目标报告》显示，中国极端贫困人口比例从1990年的61%，下降到2002年的30%以下，率先实现比例减半，2014年又下降到4.2%，中国对全球减贫的贡献率超过70%，率先完成联合国千年发展目标。中国减贫工作的巨大成就足以载入人类社会的文明史册，也足以向世界证明中国共产党和中国特色社会主义制度的优越性。[2]2016年，全国居民人均可支配收入23821元，比2012年增加7311元，年均实际增长7.4%，2018年更是达到28228元，按常住地进行划分，2016年城镇居民人均可支配收入33616元，比2012年增加9489元，年均实际增长6.5%；2018年达到39251元，农村居民2016年人均可支配收入12363元，比2012年增加3974元，年均实际增长8%。2018年达到14617元，农村居民收入增速连续九年高于城镇居民。2016年城乡居民人均可支配收入倍差为2.72，比2012年下降0.16。按照每人每年2300元的农村贫困标准计算，2016年农村贫困人口4335万人，比2012年减少5564万人，平均每年减

---

[1] 《西班牙驻华大使：中国展现出开放自信风范》，人民网，2017年10月27日，http：//theory.people.com.cn/n1/2017/1027/c414486-29613084.html。

[2] 中华人民共和国国务院新闻办公室：《中国的减贫行动与人权进步》，载《人民日报（海外版）》，2016年10月18日，第5版。

第七章
中国理念的世界意义

贫近1400万人,贫困发生率下降到4.5%,比2012年下降5.7个百分点。2018年,全国农村贫困人口减少1386万人,贫困发生率从2012年的10.2%下降至1.7%。截至2016年年末,参加基本养老、城镇基本医疗、失业、工伤和生育保险人数分别比2012年年末增加9981万、20751万、2864万、2879万和3022万人。企业退休人员基本养老金水平自2005年开始连续十二年上调。城乡居民基本医疗保险制度取得实质性进展,2015年个人卫生支出占卫生总费用的比重下降到29.3%,总体实现了基本医保全覆盖。[①]2018年我国社会保险覆盖范围持续扩大,截至2018年底,基本养老、失业、工伤保险参保人数分别达到9.42亿人、1.96亿人、2.39亿人,社保卡持卡人数达到12.27亿人。

中国的共享发展并不仅限于国内人民,它还具有关怀其他国家和地区的内涵。60多年来,中国共向166个国家和国际组织提供了近4000亿元人民币援助,为发展中国家培训各类人员1200多万人次,派遣60多万援助人员,其中700多人为他国发展献出生命。截至2018年1月31日,中国共派遣军事人员、警察和民事官员3.5万余人次参与联合国维和行动,还有2634名维和人员在世界各地执行维和任务,是联合国安理会常任理事国中派出维和人员最多的国家。2017年10月,联合国副秘书长泰格艾格奈瓦克·盖图(Tegegnework Gettu)在参加减贫与发展高层论坛时指出,在执行联合国千年发展目标的过程中,中国的贫困人口减少了4亿多,为世界减贫事业做出了重大贡献。这受益于中国的扎实研究和周密计划,同时也是精准扶贫的结果。盖图强调,中国的减贫经验值得所有发展中国家学习,尽管各国国情不尽相同,但中国经验仍然具有借鉴意义,因为利用技术减贫是发展的大势所趋。他同时坦承,中国确实承担起了其大国责任,通过南南合作以及"一带一路"倡

[①]《新理念引领新常态 新实践谱写新篇章——党的十八大以来经济社会发展成就系列报告之一》,载《中国信息报》,2017年6月19日,第1版。

议,向其他发展中国家提供了很多技术援助。①世界著名企业家比尔·盖茨(Bill Gates)高度评价中国在消除贫困方面所做出的努力和所获得的成就,认为中国经验能够为世界其他发展中国家提供重要参考,对全世界而言意义重大。②亚洲开发银行中国区首席代表本·滨瀚(Ben Bingham)也认为,扶贫减贫是其他国家应当向中国借鉴的成功发展经验。③

综上所述,中国新发展理念的世界意义之四,在于为全球贡献发展新文明。英国著名历史学家阿诺德·汤因比(Arnold Joseph Toynbee)在其巨著《历史研究》中,以当时世界考古学的已有发现为基础,详细考察了人类历史上多达三十余种文明形态的缘起、成长与衰落进程,发现并总结出一种以"应变"为核心主题的文明演化规律。④简单来说,就是一种文明的盛衰存亡完全取决于其实践群体能否成功应对发展道路上的各种挑战。在人类文明发展史上,因发展动力不足而难以为继的文明有之,因内部失衡矛盾爆发而瞬间崩溃的文明有之,因过度开发被环境报复致死的文明有之,因穷兵黩武好战嗜杀而一败涂地的文明有之。前车之鉴在于,面对生存危机和发展困境,必须寻找出一种适宜的发展观念,并在其指导下开展艰苦卓绝的政策实践,才有可能保持原有的文明特性,甚或更新换代出一种新的更高阶段的文明形态。新发展理念的提出与落实,表明中国特色社会主义正在走一条崇尚创新、注重协调、倡导绿色、厚植开放、推进共享的新型发展道路。有学者认为,当代中国以不同于西方的发展模式迅速壮大,在带给世界强烈震撼的同

---

① 《联合国副秘书长盖图:中国是全球减贫典范》,中国网,2017年10月13日,http://f.china.com.cn/2017-10/13/content_50036766.htm。
② 《比尔·盖茨:中国减贫经验值得世界借鉴》,人民网,2017年10月20日,http://theory.people.com.cn/n1/2017/1020/c414486-29599550.html。
③ 《亚洲开发银行驻中国代表处首席代表:各国应该学习中国保持经济稳健增长》,中国日报中文网,2017年10月16日,http://china.chinadaily.com.cn/2017-10/16/content_33318022.htm。
④ [英]阿诺德·汤因比:《历史研究》上海人民出版社1966年版。

/ **第七章** /
中国理念的世界意义

时意味着一个文明型国家的崛起。①在新发展理念指导下开展的宏大实践正在催生出一种新的发展文明,构建发展新文明是新发展理念的时代贡献。目前这一进程才刚开始,正是需要世界各国勠力同心、团结协作的时候。正如世界体系理论家伊曼纽尔·沃勒斯坦(Immanuel Wallerstein)所言:"在人类社会体系——这一世界上最为复杂,因此也最难予以分析的体系之中,为良性社会所做的奋斗注定是长期而持久的。况且,也正是在从一种历史体系向另一种历史体系转型的时期,人类的奋斗才具有重大的意义。"②

---

① 张维为:《中国震撼:一个"文明型国家"的崛起》,上海人民出版社2011年版。
② Immanuel Wallerstein: Uncertainty and Creativity: Premises and Conclusion, The End of the World As We Know It: Social Science for the Twenty-First Century. Minneapolis: University of Minnesota Press, 1999, p3。

结　语

新发展理念是一套成熟完备的思想体系，走出发展迷思是其思想宗旨，解决发展难题是其现实目标，提供发展新方案是其实践路径，构建发展新文明是其时代贡献。走出发展的迷思有利于科学认识发展难题，进而为形成有针对性的发展方案提供条件，最终在实践中创造新的发展文明；反之，走不出发展迷思就难以正确认识发展难题，也就无法提出创新性的发展方案，更奢谈发展新文明的构建。有鉴于此，中国以引导全球走出发展迷思为观念基础，在带领全球解决共同面对的发展难题的过程中，提供可行且行之有效的发展方案，与全世界一道为人类社会发展新文明的构建贡献集体力量，从而开启了实现新发展理念的世界意义的进程。为进一步发挥新发展理念的世界影响，中国可以依循两条不同的逻辑脉络进行努力。其一，"国家个体—国际体系"的纵向脉络。这条线索的理路是，新发展理念直接服务于新时代中国特色社会主义的建设事业，通过提升国家的整体实力和综合国力，强化中国在全球国际体系中的结构优势，从而推动国家实力向世界影响力的上升式转化。其二，"局部经验—全球共性"的横向脉络。这条线索的理路是，新发展理念反映出世界各个国家和地区的一系列发展共性，表达了全球范围内的共同发展诉求，因而来自中国的局部经验才能够最大程度地具有借鉴意义。尽管这两条脉络可以独立发挥作用，但在现实中却并行不悖、殊途同归。值得注意的是，缺乏建设成果的发展理念终究难有吸引力和说服力。中国应当持续加强自身全面建设，在贯彻落实新发展理念的过程中，充分发挥"国家个体—国际体系"与"局部经验—全球共性"两条脉络的集合效应，以一往无前的发展势头强壮纵向脉络的骨骼，以求同存异的务实态度充实横向脉络的血肉，在一种纵横交错的立体框架下深度挖掘和展现新发展理念。

[1] 马克思恩格斯文集（第一卷）[M].北京：人民出版社，2009.
[2] 马克思恩格斯文集（第二卷）[M].北京：人民出版社，2009.
[3] 马克思恩格斯文集（第三卷）[M].北京：人民出版社，2009.
[4] 马克思恩格斯文集（第四卷）[M].北京：人民出版社，2009.
[5] 马克思恩格斯文集（第五卷）[M].北京：人民出版社，2009.
[6] 马克思恩格斯文集（第九卷）[M]，北京：人民出版社，2009.
[7] 马克思恩格斯全集（第十九卷）[M].北京：人民出版社，1963.
[8] 马克思恩格斯全集（第三十卷）[M].北京：人民出版社，1995.
[9] 列宁专题文集·论资本主义[M].北京：人民出版社，2009.
[10] 列宁选集（第二卷）[M].北京：人民出版社，1995.
[11] 列宁选集（第三卷）[M].北京：人民出版社，1995.
[12] 中国共产党历史（第一卷）（下册）[M].北京：中共党史出版社，2011.
[13] 中国共产党历史（第一卷）（上册）[M].北京：中共党史出版社，2011.
[14] 中国共产党历史（第二卷）（下册）[M].北京：中共党史出版社，2011.
[15] 中国共产党历史（第二卷）（上册）[M].北京：中共党史出版社，2011.
[16] 毛泽东文集（第六卷）[M].北京：人民出版社，1999.
[17] 毛泽东文集（第七卷）[M].北京：人民出版社，1999.
[18] 毛泽东文集（第八卷）[M].北京：人民出版社，1993.
[19] 毛泽东选集（第一卷）[M].北京：人民出版社，1991.

[20] 毛泽东选集（第二卷）[M]. 北京：人民出版社，1991.

[21] 毛泽东选集（第三卷）[M]. 北京：人民出版社，1991.

[22] 毛泽东选集（第四卷）[M]. 北京：人民出版社，1991.

[23] 邓小平文选（第二卷）[M]. 北京：人民出版社，1994.

[24] 邓小平文选（第三卷）[M]. 北京：人民出版社，1993.

[25] 邓小平年谱（1975—1997）（下）[M]. 北京：中央文献出版社，2004.

[26] 江泽民文选（第一卷）[M]. 北京：人民出版社，2006.

[27] 江泽民文选（第二卷）[M]. 北京：人民出版社，2006.

[28] 江泽民文选（第三卷）[M]. 北京：人民出版社，2006.

[29] 习近平谈治国理政（第一卷）[M]. 北京：外文出版社，2014.

[30] 习近平谈治国理政（第二卷）[M]. 北京：外文出版社，2017.

[31] 习近平. 弘扬人民友谊　共创美好未来[N]. 人民日报，2013-09-08（3）.

[32] 习近平. 在中国科学院第十七次院士大会、中国工程院第十二次院士大会上的讲话[N]. 人民日报，2014-06-10（2）.

[33] 习近平. 在欧美同学会成立100周年庆祝大会上的讲话[N]. 人民日报，2013-10-22（2）.

[34] 习近平. 在省部级主要领导干部学习贯彻十八届五中全会精神专题研讨班上的讲话[N]. 人民日报，2016-05-10（2）.

[35] 习近平. 在省部级主要领导干部学习贯彻十八届五中全会精神专题研讨班开班式上发表重要讲话[N]. 人民日报，2016-01-19（1）.

[36] 习近平. 在德国科尔伯基金会的演讲[N]. 人民日报，2014-03-30（2）.

[37] 习近平. 决胜全面建成小康社会　夺取新时代中国特色社会主义伟大胜利[M]. 北京：人民出版社，2017.

[38] 习近平. 顺应时代前进潮流　促进世界和平发展[N]. 人民日报，2013-03-24（2）.

[39] 习近平. 领导干部要读点历史[N]. 学习时报，2011-09-05（1）.

[40] 习近平. 落实创新协调绿色开放共享发展理念　确保如期实现全面建成小康社会目标[N]. 人民日报，2016-01-07（1）.

［41］习近平与"十三五"五大发展理念·协调［EB/OL］. http：//www.chinanews.com/ll/2015/11-02/7599974.shtml.

［42］习近平同美国总统奥巴马举行会谈［N］. 人民日报，2015-09-26（1）.

［43］习近平总书记在十八届中共中央政治局第二十八次集体学习时的讲话（2015年11月23日）.

［44］《习近平总书记系列重要讲话读本（2016年版）》之八：以新发展理念引领发展［N］. 人民日报，2016-04-29（9）.

［45］《习近平总书记系列重要讲话读本》之八：绿水青山就是金山银山［N］. 人民日报，2014-07-11（12）.

［46］习近平致第二十二届国际历史科学大会的贺信［N］. 人民日报，2015-08-24（1）.

［47］中共中央宣传部. 习近平总书记系列重要讲话读本（2016年版）［M］. 北京：学习出版社、人民出版社，2016.

［48］中共中央文献研究室编. 十七大以来重要文献选编（上）［M］. 北京：中央文献出版社，2009.

［49］中国共产党第十八届中央委员会第五次全体会议公报［M］. 北京：人民出版社，2015.

［50］［日］北尾吉孝. 改变［M］. 杨晶，译. 上海：复旦大学出版社，2012.

［51］［英］阿诺德·汤因比. 历史研究［M］. 上海：上海人民出版社，1966.

［52］［英］杰弗里·巴勒克拉夫. 当代史导论［M］. 上海：上海社会科学院出版社，2011.

［53］［英］罗纳德·哈里·科斯，王宁. 变革中国：市场经济的中国之路［M］. 徐尧，李哲民，译. 北京：中信出版社，2013.

［54］［英］保罗·赫斯特，格雷厄姆·汤普森. 质疑全球化：国际经济与治理的可能性（第二版）［M］. 张文成，许保友，贺和风，译. 北京：社会科学文献出版社，2002.

［55］［英］戴维·赫尔德，等. 驯服全球化［M］. 童新耕，译. 上海：上海译文出版社，2005.

[56]［法］罗朗·柯恩-达努奇. 世界是不确定的：全球化时代的地缘政治[M]. 吴波龙，译. 北京：社会科学文献出版社，2009.

[57]［法］勒内·笛卡尔. 谈谈方法[M]. 王太庆，译. 北京：商务印书馆，2000.

[58]［美］丹尼斯·米都斯，等. 增长的极限：罗马俱乐部关于人类困境的报告[M]. 李宝恒，译. 长春：吉林人民出版社，1997.

[59]［美］弗朗西斯·福山. 历史的终结及最后之人[M]. 黄胜强，许铭原，译. 北京：中国社会科学出版社，2003.

[60]［美］亚历山大·米克尔约翰. 表达自由的法律限度[M]. 侯健，译. 贵阳：贵州人民出版社，2003.

[61]［美］阿力克斯·英格尔斯. 人的现代化[M]. 殷陆君，译. 成都：四川人民出版社，1985.

[62]［美］保罗·甘迺迪. 霸权兴衰史[M]. 张春柏，陆乃圣，译. 台北：五南图书出版股份有限公司，2010.

[63]［美］曼库尔·奥尔森. 国家兴衰探源[M]. 吕应中，译. 北京：商务印书馆，1993.

[64]［瑞士］吉尔贝·李斯特. 发展的迷思：一个西方信仰的历史[M]. 陆象淦，译. 北京：社会科学文献出版社，2011.

[65]［德］汉斯-彼得·马丁，等. 全球化陷阱：对民主和福利的进攻[M]. 张世鹏，译. 北京：中央编译出版社，2001.

[66]［德］康德. 判断力批判[M]. 曹俊峰，译. 北京：北京师范大学出版社，2003.

[67]［德］黑格尔. 小逻辑[M]. 贺麟，译. 北京：商务印书馆，2016.

[68]于欣伟，等. 广州蓝皮书：中国广州科技创新发展报告（2017）[M]. 北京：社会科学文献出版社，2017.

[69]马传栋. 可持续发展经济学[M]. 北京：中国社会科学出版社，2015.

[70]马克思主义经典著作选读[M]. 北京：中共中央党校出版社，2016.

[71]王夫之. 船山全书（第6册）[M]. 长沙：岳麓书社，1991.

[72] 王夫之. 船山思问录 [M]. 上海：上海古籍出版社，2000.

[73] 王允. 论衡 [M]. 长春：吉林人民出版社，1999.

[74] 王家福. 21世纪警戒线：世界心理社会问题综合研究 [M]. 长春：吉林大学出版社，1996.

[75] 王家福. 世界六强国盛衰战略观 [M]. 长春：吉林人民出版社，1998.

[76] 孔丘. 论语 [M]. 北京：中华书局，2016.

[77] 邓晓芒，赵林. 西方哲学史 [M]. 北京：高等教育出版社，2014.

[78] 北京大学《荀子》注释组. 荀子新注 [M]. 北京：中华书局，1979.

[79] [法] 弗朗索瓦·佩鲁. 新发展观 [M]. 张宁，丰子义，译. 北京：华夏出版社，1987.

[80] [英] 托马斯·孟. 英国得自对外贸易的财富 [M]. 袁南宇，译. 北京：商务印书馆，1983.

[81] [英] 亚当·斯密. 国民财富的性质和原因的研究（上卷）[M]. 郭大力，王亚南，译. 北京：商务印书馆，1974.

[82] [古希腊] 亚里士多德. 政治学 [M]. 北京：商务印书馆，2008.

[83] 庄周. 庄子 [M]. 郑州：中州古籍出版社，2008.

[84] 刘平安等. 中国新三板蓝皮书：中国新三板创新与发展报告（2017）[M]. 北京：社会科学文献出版社，2017.

[85] 刘光顺，等. 长三角区域科技创新发展调研报告（2017）[M]. 北京：经济管理出版社，2017.

[86] 关成华，等. 中国城市科技创新发展报告（2017）[M]. 北京：科学出版社，2017.

[87] 江泽民. 在第四次全国环境保护会议上的讲话，中国环境年鉴（1996）[M]. 北京：中国环境年鉴社，1996.

[88] 江泽民论有中国特色社会主义（专题摘编）[M]. 北京：中央文献出版社，2002.

[89] 许崇正. 人的发展经济学教程：后现代主义经济学 [M]. 北京：科学出版社，2016.

[90][英]约翰·梅纳德·凯恩斯.就业、利息和货币通论（重译本）[M].高鸿业,译.北京：商务印书馆,1999.

[91]贡森,等.中国人类发展报告2016：通过社会创新促进包容性的人类发展[M].北京：中信出版社,2016.

[92]李凤亮.文化科技蓝皮书：文化科技创新发展报告（2017）[M].北京：社会科学文献出版社,2017.

[93]李东红,等.中国创新创业发展报告[M].北京：中国财富出版社,2018.

[94]李君如.邓小平治国论[M].北京：人民出版社,2016.

[95]李彬,等.中国旅游企业创新创业发展报告（2016—2017）[M].北京：旅游教育出版社,2017.

[96]杨伯峻.论语译注[M].北京：中华书局,1980.

[97]杨信礼.发展哲学引论[M].西安：陕西人民出版社,2001.

[98]吴忠民,刘祖云.发展社会学[M].北京：高等教育出版,2002.

[99]吴兢.贞观政要[M].郑州：中州古籍出版社,2008.

[100]张维为.中国震撼：一个"文明型国家"的崛起[M].上海：上海人民出版社,2011.

[101][印]阿马蒂亚·森.以自由看待发展[M].任赜,于真,译.北京：中国人民大学出版社,2013.

[102]陈劲.国家创新发展蓝皮书：中国创新发展报告（2016）[M].北京：社会科学文献出版社,2017.

[103]陈锐.西方思想史论[M].北京：中国社会科学出版社,2015.

[104]尚书[M].郑州：中州古籍出版社,2010.

[105]明太宗实录（卷二十下至五十二）[M].台北：台湾"中央研究院"历史语言研究所,1962.

[106]罗建文.社会发展理念与民生幸福研究[M].北京：中国社会科学出版社,2012.

[107]宗义湘,赵帮宏.发展经济学[M].北京：清华大学出版社,2012.

[108] 诗经［M］. 北京：中信出版社，2016.

[109] 赵庆. 社会发展的哲学新视野［M］. 北京：光明日报出版社，2012.

[110] 赵晓雷. 中国经济思想史［M］. 大连：东北财经大学出版社，2016.

[111] 赵德馨. 张之洞全集（第12册）［M］. 武汉：武汉出版社，2008.

[112] 荀况. 荀子［M］. 北京：商务印书馆，2016.

[113] 徐匡一. 淮南子全译［M］. 贵阳：贵州人民出版社，1993.

[114] 徐泽民. 发展社会学理论：评介、创新与应用［M］. 北京：中国人民大学出版社，2014.

[115] 徐崇温. 全球问题和"人类困境"［M］. 沈阳：辽宁人民出版社，1988.

[116] 梁国勇. 中国经济2040全球变局与中国道路［M］. 北京：中国人民大学出版社，2017.

[117] 董诰，阮元，徐松，等. 全唐文（二）［M］. 上海：上海古籍出版社，1990.

[118] 焦循. 孟子正义［M］. 石家庄：河北人民出版社，1988.

[119] 鲁迅全集（第1卷）［M］. 北京：人民文学出版社，1981.

[120] 谢戎彬，谷棣. 世界政要精英共论中国：我们看好中国［M］. 北京：华文出版社，2017.

[121] 赖亦明. 科学发展观对党的三代中央领导集体发展思想的新贡献［M］. 北京：人民出版社，2014.

[122] 新理念新思想新战略80词［M］. 北京：人民出版社，2016.

[123] 熊彼特. 经济发展理论［M］. 郭武军，吕阳，译. 北京：华夏出版社，2015.

[124] 德尼·古莱. 发展伦理学［M］. 高铦，温平，李继红，译. 北京：社会科学文献出版社，2003.

[125] 颜元. 习斋四存编［M］. 上海：上海古籍出版社，2000.

[126] 颜晓峰，谈万强. 发展观的历史进程（上下卷）［M］北京：人民出版社，2007.

[127] 戴圣. 礼记［M］. 郑州：中州古籍出版社，2010.

［128］中共中央办公厅 国务院办公厅印发《生态文明建设目标评价考核办法》［EB/OL］. http：//www.gov.cn/zhengce/2016-12/22/content_5151555.htm.

［129］中共中央办公厅 国务院办公厅印发《关于进一步加强东西部扶贫协作工作的指导意见》［EB/OL］. http：//www.gov.cn/gongbao/content/2017/content_5156730.htm.

［130］中共中央办公厅 国务院办公厅印发《国家"十三五"时期文化发展改革规划纲要》［EB/OL］. http：//www.gov.cn/zhengce/2017-05/07/content_5191604.htm.

［131］中共中央 国务院关于打赢脱贫攻坚战的决定［EB/OL］. http：//www.gov.cn/zhengce/2015-12/07/content_5020963.htm.

［132］外媒盛赞中国以创新驱动经济发展：已成全球创新领跑者［EB/OL］. http：//www.gov.cn/guowuyuan/2017-10/08/content_5230072.htm.

［133］国务院办公厅关于印发生态环境监测网络建设方案的通知［EB/OL］. http：//www.gov.cn/zhengce/content/2015-08/12/content_10078.htm.

［134］国务院办公厅关于印发《能源发展战略行动计划（2014—2020年）》的通知［EB/OL］. http：//www.gov.cn/zhengce/content/2014-11/19/content_9222.htm.

［135］国务院关于印发《"十三五"脱贫攻坚规划》的通知［EB/OL］. http：//www.gov.cn/zhengce/content/2016-12/02/content_5142197.htm.

［136］中国落实2030年可持续发展议程进展报告［EB/OL］. http：//www.fmprc.gov.cn/web/ziliao_674904/zt_674979/dnzt_674981/qtzt/2030kcxfzyc_686343/P020170824649973281209.pdf.

［137］住房城乡建设部 国家发展改革委 财政部关于开展特色小镇培育工作的通知［EB/OL］. http：//www.mohurd.gov.cn/wjfb/201607/t20160720_228237.html.

［138］关于印发《生态环境大数据建设总体方案》的通知［EB/OL］. http：//www.zhb.gov.cn/gkml/hbb/bgt/201603/t20160311_332712.htm.

［139］关于印发《全国生态保护"十三五"规划纲要》的通知［EB/OL］. http：//www.zhb.gov.cn/gkml/hbb/bwj/201611/t20161102_366739.htm.

［140］《中国的减贫行动与人权进步》白皮书（全文）［EB/OL］. http：//www.scio.gov.cn/zfbps/32832/Document/1494402/1494402.htm.

［141］《发展权：中国的理念、实践与贡献》白皮书［EB/OL］. http：//www.scio.gov.cn/zfbps/32832/Document/1532315/1532315_1.htm.

［142］推动共建"一带一路"的愿景与行动［EB/OL］. http：//www.scio.gov.cn/31773/35507/htws35512/Document/1524767/1524767.htm.

［143］中华人民共和国国民经济和社会发展第十三个五年规划纲要［EB/OL］. http：//www.sdpc.gov.cn/zcfb/zcfbghwb/201603/P020160318573830195512.pdf.

［144］《长江经济带发展规划纲要》正式发布［EB/OL］. http：//www.ndrc.gov.cn/fzgggz/dqjj/qygh/201610/t20161011_822279.html.

［145］新理念引领新常态　新实践谱写新篇章——党的十八大以来经济社会发展成就系列之一［EB/OL］. http：//www.stats.gov.cn/tjsj/sjjd/201706/t20170616_1504091.html.

［146］中非合作论坛——约翰内斯堡行动计划（2016—2018）［EB/OL］. http：//www.fmprc.gov.cn/zflt/chn/zxxx/t1327766.htm.

［147］亚洲开发银行驻中国代表处首席代表：各国应该学习中国保持经济稳健增长［EB/OL］. http：//china.chinadaily.com.cn/2017-10/16/content_33318022.htm.

［148］国际政要学者热议十九大：对世界产生积极影响［EB/OL］. http：//china.chinadaily.com.cn/2017-10/24/content_33654562.htm.

［149］高通公司首席执行官：中国将从"制造大国"转变为"创新大国"［EB/OL］. http：//china.chinadaily.com.cn/2017-10/23/content_33584013.htm.

［150］泰国前副总理披尼：相信十九大以后中国的经济政策会更加开放［EB/OL］. http：//news.cri.cn/20171021/d2b1229a-f312-cfa2-aee7-e67a51295ad3.html.

［151］意大利各界关注十九大：中国共产党将把"保障人民幸福"作为其重要使命［EB/OL］. http：//news.cri.cn/20171022/68493a1d-7a57-4442-ef39-9edb6e8aabb6.html.

［152］习近平在重庆调研时强调确保如期实现全面建成小康社会目标［EB/OL］. http：//news.xinhuanet.com/politics/2016-01/06/c_1117691671.htm.

［153］习近平在第七十届联合国大会一般性辩论时的讲话（全文）［EB/OL］. http：//news.xinhuanet.com/world/2015-09/29/c_1116703645.htm.

［154］习近平会见基辛格等中美"二轨"高层对话美方代表［EB/OL］. http：//

news.xinhuanet.com/politics/2015-11/02/c_1117017167.htm.

［155］中共中央关于制定国民经济和社会发展第十三个五年规划的建议［EB/OL］. http：//news.xinhuanet.com/fortune/2015-11/03/c_1117027676_4.htm.

［156］中共中央国务院中央军委印发《关于经济建设和国防建设融合发展的意见》［EB/OL］. http：//news.xinhuanet.com/politics/2016-07/21/c_1119259282.htm.

［157］中共中央国务院印发《国家创新驱动发展战略纲要》［EB/OL］. http：//news.xinhuanet.com/politics/2016-05/19/c_1118898033.htm.

［158］拉美学者："中国将成为创新发展的领导者"［EB/OL］. http：ihl.cankaoxiaoxi.com/2016/0902/1290095.shtml.

［159］美媒：中国成全球沙漠治理典范［EB/OL］. http：//column.cankaoxiaoxi.com/g/2015/1204/1017062.shtml.

［160］2017年中国军民融合专题研究报告［EB/OL］. http：//www.southmoney.com/caijing/gongsixinwen/201710/1655666.html.

［161］习近平在哈萨克斯坦纳扎尔巴耶夫大学发表重要演讲［EB/OL］. http：//cpc.people.com.cn/n/2013/0908/c64094-22843681.html.

［162］联合国副秘书长盖图：中国是全球减贫典范［EB/OL］. http：//f.china.com.cn/2017-10/13/content_50036766.htm.

［163］《国家创新指数报告2016—2017》图解［EB/OL］. http：//www.casted.org.cn/channel/newsinfo/6336.

［164］图解《中国区域科技创新评价报告2016—2017》［EB/OL］. http：//www.casted.org.cn/channel/newsinfo/6351.

［165］外国记者：中国区域协调发展成就令人惊叹［EB/OL］. http：//ny.uschinapress.com/kong/2017/10-26/131356.html.

［166］习近平出席G20工商峰会开幕式并发表主旨演讲（全文）［EB/OL］. http：//politics.people.com.cn/n1/2016/0903/c1001-28689034.html.

［167］习近平在第十二届全国人民代表大会第一次会议上的讲话［EB/OL］. http：//politics.people.com.cn/n/2013/0318/c1024-20818589-2.html.

［168］比尔·盖茨：中国减贫经验值得世界借鉴［EB/OL］. http：//theory.people.

com.cn/n1/2017/1020/c414486-29599550.html.

［169］中国新能源汽车产销连续三年居世界首位［EB/OL］. http：//auto.people.com.cn/n1/2018/0123/c1005-29780732.html.

［170］西班牙驻华大使：中国展现出开放自信风范［EB/OL］. http：//theory.people.com.cn/n1/2017/1027/c414486-29613084.html.

［171］创新增长路径 共享发展成果［EB/OL］. http：//politics.people.com.cn/n/2015/1116/c1024-27817591.html.

［172］欧莱雅公司董事长：中国是推动世界创新发展的主要动力［EB/OL］. http：//theory.people.com.cn/n1/2017/1023/c414486-29604031.html.

［173］携手构建合作共赢新伙伴 同心打造人类命运共同体——习近平在第七十届联合国大会一般性辩论时的讲话［EB/OL］. http：//politics.people.com.cn/n/2015/0929/c1024-27644905.html.

［174］澳大利亚专家：一个强大自信的中国会给世界带来更多机遇［EB/OL］. http：//theory.people.com.cn/n1/2017/1023/c414486-29603988.html.

［175］胡锦涛. 在中国科学院第十五次院士大会、中国工程院第十次院士大会上的讲话［N］. 光明日报，2010-06-08（2）.

［176］胡锦涛. 高举中国特色社会主义伟大旗帜 为夺取全面建设小康社会新胜利而奋斗［N］. 人民日报，2007-10-25（1）.

［177］中国领跑全球清洁能源发展（外媒看中国）［N］. 人民日报，2017-07-01（11）.

［178］立足我国国情和我国发展实践 发展当代中国马克思主义政治经济学［N］. 人民日报，2015-11-25（1）.

［179］加快推进丝绸之路经济带和二十一世纪海上丝绸之路建设［N］. 人民日报，2014-11-07（1）.

［180］二十国集团落实2030年可持续发展议程行动计划［EB/OL］. http：//news.gmw.cn/2016-09/06/content_21841514.htm.

［181］当好全国改革开放排头兵 不断提高城市核心竞争力［N］. 人民日报，2014-05-25（1）.

[182] 坚持运用辩证唯物主义世界观方法论提高解决我国改革发展基本问题本领 [N]. 人民日报，2015-01-25（1）.

[183] 何毅亭. 马克思主义发展观的中国实践与中国创新 [N]. 学习时报，2015-11-27（1）.

[184] 毫不动摇坚持和发展中国特色社会主义在实践中不断有所发现有所创造有所前进 [N]. 人民日报，2013-1-6（1）.

[185] 保持锐意创新勇气蓬勃向上朝气　加强深化改革开放措施 [N]. 人民日报，2016-03-06（1）.

[186] 聚焦发力贯彻五中全会精神　确保如期全面建成小康社会 [N]. 人民日报，2016-01-19（1）.

[187] 中共十八届五中全会在京举行 [N]. 人民日报，2015-10-30（1）.

[188] 中共中央关于完善社会主义市场经济体制若干问题的决定 [N]. 人民日报，2003-10-22（1）.

[189] 中共中央关于制定国民经济和社会发展第十三个五年规划的建议 [N]. 人民日报，2015-11-04（1）.

[190] 邓伟志，卜佳慧. 民生论 [J]. 上海大学学报（社会科学版），2008（4）.

[191] 陈光林. "创新发展"理念的哲学思考及其意义 [J]. 党建，2016（7）.

[192] 金璐，徐锋. 协调发展理念的哲学意蕴 [J]. 思想政治课研究，2017（4）.

[193] 熊华生. 幸福与发展：教育目的的构成 [J]. 江苏教育研究，2008（2）.

[194] 丰子义. 发展实践呼唤新的发展理念 [J]. 学术研究，2003（11）.

[195] 王庆丰. 发展的合理性观念 [J]. 新疆师范大学学报（哲学社会科学版），2017（3）.

[196] 王艳飞. 五大发展理念的哲学意蕴 [J]. 中共云南省委党校学报，2017-02（1）.

[197] 2017全球、中国信息社会发展报告 [EB/OL]. http：//www.sic.gov.cn/News/250/8728.htm，2017-12-26/2017-12-30.

[198] Asian Development Bank：*Asian Development Outlook 2016：Asia's Poten-*

tial Growth, May2016, http://www.adb.org/sites/default/files/publication/181779/ado-2016-highlights.pdf.

[199] Clarivate Analytics: *The State of Innovation Report 2017: The Relentless Desire to Advance*, 2017, https://clarivate.com/stateofinnovation.

[200] George S.Yipand Bruce Mckern. *China's Next Strategic Advantage: From Imitation to Innovation*, MIT Press, April 2016.

[201] Immanuel Wallerstein. *Uncertainty and Creativity: Premisesand Conclusion, The End of the World As We Know It: Social Science for the Twenty-First Century. Minneapolis*: University of Minnesota Press, 1999.

[202] International Labour Organization: *World Employment and Social Outlook 2016: Transforming Jobs to End Poverty*, May19, 2016, http://www.ilo.org/wcmsp5/groups/public/---dgreports/---dcomm/---publ/documents/publication/wcms_481534.pdf.

[203] International Monetary Fund: *World Economic Outlook: Too Slow for Too Long*, April 2016, http://www.imf.org/external/pubs/ft/weo/2016/01/pdf/text.pdf.

[204] International Monetary Fund: *World Economic Outlook Update*, July 19, 2016, http://www.imf.org/external/pubs/ft/weo/2016/update/02/pdf/0716.pdf.

[205] KPMG: *The Changing Landscape of Disruptive Technologies: Global Technology Innovation Hubs*, 2017, https://assets.kpmg.com/content/dam/kpmg/se/pdf/komm/2017/disruptive-tech-2017-part1.pdf.

[206] National Intelligence Council: *Global Trends 2030: Alternative Worlds*, December 2012, https://www.dni.gov/files/documents/GlobalTrends_2030.pdf.

[207] Robert A.Nisbet. *Social Change and History: Aspects of Western Theory of Development*, NewYork: Oxford University Press, 1968.

[208] United Nations Environment Assembly of the United Nations Environment Programme: *Towards A Pollution Free Planet*, December2017, http://web.unep.org/environmentassembly/report-executive-director.

[209] World Bank: *Global Economic Outlook 2016: Divergences and Risks*, June 2016, https://openknowledge.worldbank.org/bitstream/handle/10986/24319/978146

4807770.pdf?sequence=5.

[210] World Health Organization: *Preventing Disease Through Healthy Environments: A Global Assessment of the Burden of Disease from Environmental Risks*, 2016, http://apps.who.int/iris/bitstream/10665/204585/1/9789241565196_eng.pdf?ua=1.

后记

新中国成立70年，改革开放40年，特别是党的十八大以来，中国取得了举世瞩目的成就，中国特色社会主义进入了新时代、踏上了新征程。习近平新时代中国特色社会主义思想成为党和国家长期坚持的指导思想。

新时代既是实现中华民族伟大复兴中国梦的时代，也是中国日益走近世界舞台中央、不断为人类做出更大贡献的时代。为了总结中国发展经验，为发展中国家提供发展思路、为世界发展贡献中国智慧，讲好中国故事，创建中国理论、传递中国声音，构建中国特色、中国风格、中国气派的哲学社会科学，我们构思出版《国家宣言》这套丛书。

我负责撰写"中国理念"。思想是行动的先导，明确发展理念才能制定出正确的发展战略，从而实现发展目标。进入新时代，中国共产党准确把握中国及世界发展格局的变化，提出创新、协调、绿色、开放、共享的发展理念，具有重要的理论、实践和世界意义。《中国理念》突出以新发展理念为主要内容的习近平新时代中国特色社会主义经济思想，从发展理念的最基本概念出发，描述了发展理念的基本特征和重要功能，历史地追溯了发展理念的来源及中国共产党发展理念的形成过程，重点阐述了新发展理念的深刻含义、具体要求、理论意义及世界价值。

在编写过程中，支继超、巩瑞波、李建楠、张霜、柳笛、张延曼等博士后、博士作了资料收集和初稿撰写工作。

后记

由于中国理念是一个新的研究课题，我们在撰写过程中参考引用了大量的各位专家学者的观点，在此表示感谢。当然，由于水平、时间等各种因素，书中一定还有不准确、不深刻之处，也希望各位读者批评指正。

韩喜平

2019年2月于鼎新楼